이렇게 회복을 경험하라

이렇게 회복을 경험하라

1쇄찍은날 2022년 12월 5일
지 은 이 장영훈
펴 낸 이 장상태
펴 낸 곳 소망플러스
　　　　　서울시 서초구 서초동 1355-3 서초월드오피스텔 1605호
전　　화 02-6415-6800
이 메 일 is6800@naver.com

등　　록 2007년 4월 19일
신고번호 제2007-000076호
유　　통 기독교출판유통 031-906-9191

ISBN 979-11-87469-06-3 (93230)

값은 표지에 있습니다.

목차

서문   6

1. 잘못된 선택과 결정이 불행을 낳는다 롯 1:1-5 ·10

2. 두 여인의 다른 선택, 서로의 운명을 가르다 롯 1:6-18 ·22

3. 회복의 시작, 하나님 아버지께로 돌아오다 롯 1:19-22 ·36

4. 우연한 만남인가, 하나님의 인도인가? 롯 2:1-7 ·48

5. 하나님의 은혜는 사람을 통해 흐른다 롯 2:8-16 ·60

6. 하나님은 자기 백성을 먹이신다 룻 2:17-23 · 72

7. 믿음으로 소망의 문을 두드리라 룻 3:1-7 · 84

8. 이렇게 멋지고 아름답게 사랑하라 룻 3:8-18 · 96

9. 하나님이 주신 기회를 놓치지 말라 룻 4:1-8 · 110

10. 여호와의 복은 이렇게 성취된다 룻 4:9-22 · 122

저는 룻기를 좋아합니다. 신학대학원 시절, 룻기의 감동적인 이야기와 뛰어난 문학성에 매료되었습니다. 특히 룻기에 등장하는 보아스와 룻을 좋아하게 되었습니다. 저는 보아스를 닮고 싶었습니다. 그래서 이메일 ID에 보아스Boaz라는 이름을 넣어 지금까지 25년 넘게 사용해오고 있습니다. 제 아내의 이메일 ID에는 룻Ruth이라는 이름이 들어가 있습니다.

설교자로서 성경을 강해하면서 제가 좋아하는 룻기를 강해하고 싶은 생각이 오래전부터 있었습니다. 그러나 정작 룻기를 강해하게 된 것은 최근의 일이었습니다. 2020년부터 갑작스레 우리의 삶에 불어닥친 재앙과도 같은 코로나 팬데믹 때문에, 소중한 것들을 잃어버린 상실감으로 힘들어하는 사람들을 보면서 룻기가 생각났습니다. 룻기는 희망과 회복의 메시지를 담은 책이기 때문입니다. 원래 룻기를 좋아했지만 강해하면서 룻기가 더 좋아졌습니다.

안식년을 맞아 감사하게도 책을 출간할 기회가 주어졌습니다. 오래 고민하다 제가 좋아하는 룻기강해설교집을 내기로 결심했습니다. 설교집을 염두에 두고 한 설교가 아니었기에 출판을 위해 약간 손질을 했습니다. 룻기의 문학 장르가 이야기narrative라서 이야기식 설교를 많이 시도했고 문학적 상상력을 발휘해서 행간行間을 읽으려고 노력했습니다. 아직도 많이 부족하지만 용기를 내어 출판해봅니다. 독자들에게 나오미와 룻이 경험한 회복의 은혜가 임하길 기도합니다.

흔쾌히 책 출판 지원을 해주신 구리중앙교회 당회와 교우들, 출판 헌금을 해주신 J 집사님에게 진심으로 감사드립니다. 저를 위해 늘 아버지처럼 기도해주시는 김준섭 원로목사님, 그리고 함께 교회를 섬기는 교역자분들에게도 깊은 감사의 마음을 전합니다.

어려운 출판환경 속에서도 개혁주의 교리와 신학의 저변 확대를 위해 문서선교의 사명을 감당해오는 디다스코 출판사 대표 장상태 목사님에게 응원과 감사를 드립니다.

목사가 된 것을 저보다 더 기뻐하시는 어머니와 책이 출간되면 빨리 사서 읽어보겠다며 응원해주신 장인, 장모님, 목사 오빠를 자랑스러워하며 유튜브 설교를 열심히 들어주는 두 여동생 부부에게 이 책이 작은 선물이 되었으면 좋겠습니다.

마지막으로 제 설교의 따뜻한 격려자요 날카로운 비판자인 사랑하는 아내 최지희, 큰 기쁨인 사랑하는 딸 장주애와 출간의 기쁨을 함께 나누고 싶습니다.

그리고 우리의 창조자요 구원자이신 성 삼위일체 하나님께 모든 감사와 찬양과 영광을!

2022년 가을이 깊어가는 10월의 어느 날

구리중앙교회 서재에서

장영훈 목사

1.

잘못된 선택과 결정이
불행을 낳는다

¹사사들의 치리하던 때에 그 땅에 흉년이 드니라 유다 베들레헴에 한 사람이 그 아내와 두 아들을 데리고 모압 지방에 가서 우거하였는데 ²그 사람의 이름은 엘리멜렉이요 그 아내의 이름은 나오미요 그 두 아들의 이름은 말론과 기룐이니 유다 베들레헴 에브랏 사람들이더라 그들이 모압 지방에 들어가서 거기 유하더니 ³나오미의 남편 엘리멜렉이 죽고 나오미와 그 두 아들이 남았으며 ⁴그들은 모압 여자 중에서 아내를 취하였는데 하나의 이름은 오르바요 하나의 이름은 룻이더라 거기 거한지 십년 즈음에 ⁵말론과 기룐 두 사람이 다 죽고 그 여인은 두 아들과 남편의 뒤에 남았더라

"룻기"라는 책 이름은 이 책에 등장하는 중심인물인 룻이라는 여인의 이름을 딴 것입니다. 구약성경의 책 이름은 보통 책의 주제나 중심인물 또는 책을 기록한 저자의 이름을 따서 짓습니다. 특이한 점은 신구약 성경의 책 이름에 사용된 사람은 거의 남성인데, 룻기는 여성이라는 것입니다. 구약성경에서 룻기 외에 여성의 이름을 사용한 책이 한 권 더 있는데, 에스더입니다. 고대사회는 남성 중심의 사회였고 이스라엘 민족은 사람의 머릿수를 셀 때도 여성과 아이들은 포함하지 않을 정도로 남성 위주의 사회였습니다. 따라서 성경 이름에 여성의 이름을 사용했다는 것은 극히 예외적인 경우입니다. 더구나 룻은 모압이라는 이방의 여인입니다. 룻기와 함께 여성의 이름을 책 이름으로 사용한 에스더의 경우, 에스더는 이스라엘 여인입니다. 이스라엘 민족은 이방인에 대한 차별과 편견이 강한 사람들입니다. 그런데 유일하게 이방 여인의 이름을 책 이름으로 사용했다는 것은 그 자체만으로 극히 예외적이면서 시사하는 바가 있다고 봐야 합니다. 그 시사하는 바가 과연 무엇인지는 앞으로 살펴보겠습니다.

롯기의 저자는 누구일까요? 롯기 자체에서는 롯기를 누가 썼는지 말하고 있지 않습니다. 이스라엘 민족의 유명한 고전인 탈무드에 따르면 사무엘이 사무엘서와 사사기, 롯기를 기록했다고 전해옵니다. 사무엘이 롯기를 기록한 유력한 후보이지만, 사무엘이라고 단정할 수는 없습니다.

롯기가 기록된 연대는 언제일까요? 롯기의 이야기는 1장 1절에서 말하는 대로 사사 시대를 배경으로 하고 있습니다. 사사 시대는 주전 1390년에서 1043년까지 약 350년의 기간을 가리킵니다. 롯기 4장 끝부분을 보면, 베레스의 족보를 소개하면서 맨 끝에 다윗의 이름이 등장합니다. 다윗은 사사 시대 이후인 통일왕국 시대 인물입니다. 롯기의 저자가 정말 사무엘이 확실하다면 사무엘이 죽기 전, 다윗이 왕이 되기 전에 기록되었을 것입니다. 사무엘은 다윗에게 기름을 부었고 사울 왕을 이어 다윗이 이스라엘의 왕이 될 것을 알았지만 다윗이 왕이 되기 전에, 사울 왕이 죽기도 전에 죽었습니다. 그때가 대략 주전 11세기 후반이었습니다.

롯기를 기록한 목적은 무엇일까요? 롯기 4장 끝부분에 보면, 롯은 다윗 왕의 증조할머니가 됩니다. 그 다윗 왕의 후손으로 메시아이신 예수님이 탄생하십니다. 마태복음 1장에 나오는 예수 그리스도의 족보를 보면, "보아스는 룻에게서 오벳을 낳고, 오벳은 이새를 낳고, 이새는 다윗 왕을 낳으니라"라고 기록되어 있습니다. 룻은 다윗 왕의 증조할머니이면서 더 나아가 메시아이신 예수님의 조상입니다. 아브라함과 다윗의 자손으로 탄생하신 예수 그리스도의 족보 가운데 이방 여인인 룻이 메시아의 조상으로 들어가 있다는 것이 무엇을 의미할까요? 이것은 단지 룻이라는 이방 여인 한 명이 예외적으로 아브라함의 후손으로 편입이 되어 메시아의 조상이 되는 행운을 얻었다는 의미는 아닙니다.

이방 여인 룻이 다윗 왕의 증조할머니가 되고 예수 그리스도의 조상이 되었다는 것은 예수 그리스도께서 이스라엘 민족인 유대인뿐 아니라 이방인도 구원하실 만민의 구주가 되실 것을 미리 보여주는 사건이라고 할 수 있습니다. 룻기는 이미 사사 시대에 보잘것없는 모압 출신의 이방 여인 룻의 구원을 통해 장차 이방인에게도 구원의 은혜가 임하게 될 하나님의 구원 계획을 미리 보여준다고 이해할 수 있습니다. 이것이 룻기가 보여주는 거시적인 구원 계획이라고 말할 수 있고, 좁게는 미래에 성취될 하나님의 구원 계획이 사사 시대에 살던 엘리멜렉과 나오미라는 한 가정의 이야기를 통해 어떻게 전개되고 준비되었는지를 드라마틱하게 보여준다고 할 수 있습니다. 그러나 이런 큰 그림은 구약과 신약이라는 성경의 전체 역사를 아우르며 바라볼 때 이해할 수 있습니다. 4장밖에 안 되는 짧은 성경인 룻기 안에서는 그런 큰 그림이 선명하게 잘 보이지 않습니다.

　성경에서 룻기만 딱 떼어놓고 읽는다면, 룻기는 모든 것을 상실한 나오미와 룻이라는 불쌍한 두 여인의 삶에 보아스라는 인물을 통해 하나님께서 베푸신 풍성한 은혜를 감동적으로 그려낸 인생 역전 드라마라고 할 수 있습니다. 그래서 룻기는 코로나로 인해 많은 것을 잃어버리고 상실감에 빠져 사는 우리에게 미래에 대한 기대와 희망의 메시지를 주는 성경이라고 할 수 있습니다. 이것이 제가 룻기 강해를 시작하게 된 이유입니다. 앞으로 룻기의 말씀을 살펴보면서 우리의 삶에 '상실에서 회복으로', '절망에서 희망으로', '불행에서 행복으로' 역전과 반전이 이루어지는 은혜가 있길 소망합니다. 그럼 이런 기대를 안고 룻기의 문을 열어보도록 하겠습니다.

　룻기는 한 가정을 소개하며 이야기가 시작됩니다. 이 가정은 부부와 두 아들, 이렇게 네 명으로 이루어져 있습니다. 남편의 이름은 엘리멜렉이고 아내의 이름은 나오미입니다. 두 아들의 이름은 말론과 기룐입니다. 이들은 유다 베들레헴 에브랏 사람인데, 비교적 부유하고 단란한 가정이었던 것 같습니다. 그런데 1절을 보면 그들이 살던 시대가 "사사들의 치리하던 때", 곧 사사 시대임을 알 수 있습니다. 사사 시대가 어떤 시대입니까? 사사 시대는 가나안 정복이 끝나고 이스라엘에 왕이 세워질 때까지 약 350년간 사사들이 다스리던 시대를 가리킵니다. 사사土師라는 말은 재판관judge이라는 뜻입니다. 사사는 평상시에는 이스라엘 백성 사이에 발생하는 소송과 분쟁을 해결해주는 재판관의 역할을 수행하고, 외부에서 적이 쳐들어오면 군대를 이끌고 나가서 싸우는 군사 지도자의 역할도 했습니다. 사사 시대에는 이스라엘 백성이 여호와의 목전에서 가증하게 우상을 숭배하며 범죄하여 여호와의 징계를 받아 끊임없이 외세의 침략과 지배를 받았습니다. 그때마다 이스라엘 백성이 뒤늦게 여호와께 부르짖으며 회개하면 여호와께서 사사들을 통해 이방의 압제로부터 구원하여 주셨지만, 시간이 흐르면 또다시 악을 행하는 일이 반복되었습니다. 이렇게 사사 시대는 사사기 21장 25절에서 말한 대로 "사람이 각각 그 소견에 옳은 대로 행하였던" 영적인 암흑기였습니다.

그런데 이런 시대에 이스라엘 땅에 흉년이 들었습니다. 우리는 흉년이 들었다는 것을 가볍게 넘겨서는 안 됩니다. 이스라엘 땅에서 흉년은 여호와께서 이스라엘 백성에게 내리시는 징계의 수단인 경우가 많기 때문입니다. 본래 여호와께서는 이스라엘 백성이 여호와의 말씀에 순종하면 이스라엘 땅에 이른 비와 늦은 비를 적절한 때에 내려주셔서 풍성한 소출을 거두게 해주실 것을 약속해주셨습니다(신 11:13-14). 그러나 여호와의 말씀을 거역하고 우상을 숭배하며 악을 행하면 기근과 흉년이 임할 것이라고 경고하셨습니다(신 11:16-17). 그러므로 자기의 소견에 옳은 대로 행동했던 사사 시대에 찾아온 흉년은 이스라엘 백성에게 내리시는 여호와의 징계라고 봐야 합니다. 엘리멜렉과 나오미의 가정이 살던 유다 베들레헴은 '떡집'이라는 지명처럼 토지가 비옥하여 농사가 잘되는 지역이었습니다. 그런데 베들레헴에도 흉년이 들고 말았습니다.

이렇게 이스라엘 땅에 하나님의 징계가 임하여 흉년이 들었을 때는 어떻게 해야 할까요? 부모님이 자녀가 잘못해서 회초리를 들고 징계를 하면 자녀는 보통 세 가지 반응을 합니다. 첫째, 반발을 합니다. 잘못을 했으면서도 되레 큰소리를 치며 "왜 때리냐?"며 대듭니다. 둘째, 도망칩니다. 부모님이 회초리를 찾는 걸 보고 재빠르게 밖으로 도망쳐 버립니다. 셋째, 아프지만 회초리를 맞으면서 "다시는 나쁜 짓을 하지 않겠다"라고 빌면서 잘못을 뉘우칩니다. 여호와께서 징계하실 때, 이스라엘 백성은 어떤 선택을 해야 합니까? 징계를 달게 받으면서 자기들이 저지른 죄를 회개하는 것이 옳습니다. 그런데 엘리멜렉과 나오미의 가정은 어떤 선택을 했습니까? 1절과 2절을 보면, 온 가족이 유다 베들레헴을 떠나 모압 지방으로 가서 살기 위해 이주를 했습니다. 한마디로 그들은 하나님의 징계를 달게 받으며 뉘우치고 회개한 것이 아니라 징계를 받기 싫어서 흉년을 피해 살아보겠다고 다른 지방으로 도망을 친 것입니다. 그런데 이들이 이주한 곳이 어디입니까? 모압 지방입니다.

모압 족속은 아브라함의 조카 롯이 두 딸과 동침해서 낳은 아들의 후손입니다. 아브라함의 후손인 이스라엘 민족과 완전히 남은 아니었습니다. 친척 관계라고 할 수 있습니다. 그런데 민수기를 보면 출애굽한 이스라엘 백성이 가나안 땅으로 가기 위해 모압 지역을 지나가려고 할 때 지나가지 못하도록 방해를 했습니다. 게다가 모압 왕 발락은 발람 선지자를 통해 이스라엘을 저주하려고 했습니다. 이렇게 모압은 이스라엘에게 적대적인 태도를 취했습니다. 모압 족속은 자식을 제물로 바치도록 하는 우상 신 그모스를 섬겼습니다. 이렇게 가증한 우상을 숭배하고 이스라엘을 대적하는 모압 족속을 여호와 하나님께서는 신명기 23장 3절에서 여호와의 총회에 영원히 들어오지 못할 것이라고 심판하셨습니다. 그러므로 여호와의 백성인 엘리멜렉과 나오미의 가정은 아무리 유다 땅 베들레헴에 흉년이 들었더라도 모압 지방으로 가지 말았어야 했습니다. 엘리멜렉과 나오미는 여호와께서 자기들에게 기업으로 주신 유다 땅 베들레헴을 버리고 우상 신을 숭배하는 이방 족속인 모압 지방으로 가는 잘못된 선택과 결정을 하고 말았던 것입니다.

흉년을 피해 잘살아보겠다며 여호와의 기업인 이스라엘 땅과 이스라엘 민족을 버리고 모압 땅으로 이주했던 엘리멜렉과 나오미의 가정은 어땠습니까? 3절을 보니 모압으로 이주한 지 얼마 지나지 않아 나오미의 남편 엘리멜렉이 죽고 말았습니다. 분명 엘리멜렉의 죽음은 예기치 않은 갑작스러운 죽음이었습니다. 어떻게든 살아보겠다고 고향과 고국을 떠나서 이방 땅 모압으로 왔는데 살기는커녕 남편이 죽고 말았습니다. 남편의 죽음은 나오미에게 큰 충격과 좌절을 안겨주었을 것입니다. 고대사회에서 남편을 잃고 과부가 된다는 것은 경제력을 상실하여 가난해지는 것을 의미합니다. 그나마 나오미에게는 성인이 된 든든한 두 아들, 말론과 기룐이 있어서 의지가 되었을 것입니다. 말론과 기룐은 모압 여자를 아내로 맞아 결혼을 했습니다. 나오미가 모압 여자를 며느리로 맞이한 것입니다. 이 두 며느리의 이름은 오르바와 룻이었습니다. 룻이 장남 말론의 아내였기 때문에 큰며느리였고 오르바는 기룐의 아내로 작은며느리였습니다. 그런데 나오미의 두 아들이 결혼을 하고 나서 어떤 일이 생겼습니까? 그들이 모압 땅에 거주한 지 10년이 되던 해에 말론과 기룐이 둘 다 죽는 일이 발생했습니다.

왜 엘리멜렉에 이어 나오미의 두 아들마저 갑작스레 죽은 걸까요? 우리는 여기에서 신명기 7장 1-4절의 말씀을 기억할 필요가 있습니다. 여호와 하나님께서는 이스라엘 백성이 약속의 땅 가나안에 들어가서 살게 될 때, 가나안 족속과 혼인하지도 말 것이며 딸들을 그들의 아들에게 주지 말고 그들의 딸도 며느리로 삼지 말라고 명령하셨습니다. 그러면서 혼인을 금하신 이유에 대해 말씀하셨습니다. "그가 네 아들을 유혹하여 그로 여호와를 떠나고 다른 신들을 섬기게 하므로 여호와께서 너희에게 진노하사 갑자기 너희를 멸하실 것임이니라"(신 7:4). 여호와께서 가나안 족속 여인과의 결혼을 금지하신 이유는 결혼을 통해 이방 여인이 믿는 우상 신을 섬기게 될 것을 우려하셨기 때문입니다. 물론 신명기 7장 1-4절에 모압 여인과 혼인해서는 안 된다는 직접적인 언급은 없습니다. 그러나 여호와께서 모압 족속이 그모스 신을 섬기고 이스라엘을 대적하므로 그들이 영원히 여호와의 총회에 들어오지 못하도록 하신 것을 볼 때 나오미의 아들들은 모압 여인과 혼인을 해서는 안 되었던 것입니다. 따라서 나오미의 두 아들은 여호와의 말씀에 불순종하고 이방 여인과 결혼하는 잘못된 선택과 결정을 함으로써 여호와의 징계를 받아 일찍 죽임을 당했다고 보는 것이 옳을 것입니다.

남편 엘리멜렉의 죽음에 이어 두 아들마저 죽음으로 잃어버린 나오미는 이제 모든 것을 잃고 혼자가 되고 말았습니다. 물론 곁에 이방인 며느리 오르바와 룻이 있었지만, 자신과 같이 청상과부가 된 젊은 며느리들은 남편과 아들처럼 믿고 의지할 대상이 아니었습니다. 결과적인 이야기지만 모압으로 이주한 후 남편 엘리멜렉이 죽었을 때 나오미는 그것이 하나님의 징계임을 속히 깨닫고 늦게나마 두 아들과 함께 고향 베들레헴으로 돌아갔어야 했습니다. 그러나 나오미는 그렇게 하지 않고 모압 땅에 살면서 두 아들을 이방 여인과 혼인을 시키는 잘못된 선택과 결정을 하는 바람에 남편에 이어 두 아들마저 잃고 말았던 것입니다. 거듭된 잘못된 선택과 결정이 나오미의 삶에 불행을 초래하는 씨앗이 되었습니다.

우리는 이 사건을 통해 어떤 교훈을 얻을 수 있습니까? 잘못된 선택과 결정은 그에 따른 불행한 결과를 낳습니다. 하나님의 자녀들은 하나님의 뜻에 불순종하고 하나님이 기뻐하시지 않는 잘못된 선택과 결정을 하면 그에 따른 징계가 따른다는 것을 명심해야 합니다. 우리의 인생은 선택과 결정의 연속입니다. 물론 어떤 선택과 결정은 가치 중립적이기 때문에 어떤 것을 선택해도 전혀 문제가 되지 않습니다. 가령, 집에서 배달음식을 주문할 때 한식을 먹을지, 중식을 먹을지, 양식을 먹을지 선택하고 결정하는 것은 아무런 문제가 되지 않습니다. 아무거나 먹고 싶은 것을 선택하면 됩니다. 그러나 하나님의 자녀로서 신앙의 가치와 관련된 것을 선택하고 결정할 때는 반드시 신앙의 가치에 부합하는 것을 선택해야 합니다. 예를 들면, 결혼의 문제가 그렇습니다. 하나님께서는 믿지 않는 자와 멍에를 함께 메지 말라고 말씀하셨습니다(고후 6:14). 신자들은 불신자와 결혼해서는 안 됩니다. 신앙을 갖기 전에 이미 불신자와 결혼한 것은 어쩔 수 없지만, 신앙을 가진 상태에서 신앙이 없는 사람과 결혼하려고 하는 것은 말론과 기론처럼 잘못된 선택과 결정을 하는 것입니다. 그런 잘못된 선택과 결정에는 반드시 영적으로 후회할 결과가 따른다는 것을 명심해야 합니다. 결혼 문제뿐 아니라 기독교 신앙과 가치에 위배되는 모든 문제에 있어서 우리는 하나님의 뜻이 무엇인지 신중히 고려하며 올바른 선택과 결정을 해야 합니다. 그리스도인은 선택과 결정을 할 때 다음의 몇 가지 사항을 고려해야 합니다.

첫째, 이 선택과 결정이 하나님께 영광이 되는가?
둘째, 이 선택과 결정이 하나님의 말씀과 일치하는가?
셋째, 이 선택과 결정이 신앙 양심에 거리낌이 없는가?
넷째, 이 선택과 결정이 신앙생활에 유익이 되는가?
다섯째, 예수님이시라면 이 선택과 결정을 하셨을까?

일상에서 어떤 선택과 결정을 할 때, 이 다섯 가지의 기준만 가지고 있다면 우리는 분명 현명한 선택과 결정을 하게 될 것입니다. 그럼에도 어떻게 선택하고 결정해야 할지 모른다면 목회자나 신앙이 성숙한 사람들에게 조언을 구하는 것도 지혜로운 방법입니다. 물론 선택과 결정을 할 때 하나님께 기도하며 하나님의 인도하심을 구하는 것은 가장 기본입니다. 우리는 잘못된 선택과 결정이 한 가정의 삶에 얼마나 큰 불행을 가져왔는지 보았습니다. 룻기의 말씀을 교훈 삼아 하나님의 뜻을 따라서 현명한 선택과 결정을 하게 되면 행복한 삶을 살게 될 것입니다.

2.

롯 1:6-18 ─────
두 여인의 다른 선택,
서로의 운명을 가르다

⁶그가 모압 지방에 있어서 여호와께서 자기 백성을 권고하사 그들에게 양식을 주셨다 함을 들었으므로 이에 두 자부와 함께 일어나 모압 지방에서 돌아오려 하여 ⁷있던 곳을 떠나고 두 자부도 그와 함께하여 유다 땅으로 돌아오려고 길을 행하다가 ⁸나오미가 두 자부에게 이르되 너희는 각각 어미의 집으로 돌아가라 너희가 죽은 자와 나를 선대한 것 같이 여호와께서 너희를 선대하시기를 원하며 ⁹여호와께서 너희로 각각 남편의 집에서 평안함을 얻게 하시기를 원하노라 하고 그들에게 입맞추매 그들이 소리를 높여 울며 ¹⁰나오미에게 이르되 아니니이다 우리는 어머니와 함께 어머니의 백성에게로 돌아가겠나이다 ¹¹나오미가 가로되 내 딸들아 돌아가라 너희가 어찌 나와 함께 가려느냐 나의 태중에 너희 남편될 아들들이 오히려 있느냐 ¹²내 딸들아 돌이켜 너희 길로 가라 나는 늙었으니 남편을 두지 못할지라 가령 내가 소망이 있다고 말한다든지 오늘 밤에 남편을 두어서 아들들을 생산한다 하자 ¹³너희가 어찌 그것을 인하여 그들의 자라기를 기다리겠느냐 어찌 그것을 인하여 남편두기를 멈추겠느냐 내 딸들아 그렇지 아니하니라 여호와의 손이 나를 치셨으므로 나는 너희로 인하여 더욱 마음이 아프도다 ¹⁴그들이 소리를 높여 다시 울더니 오르바는 그 시모에게 입맞추되 룻은 그를 붙좇았더라 ¹⁵나오미가 또 가로되 보라 네 동서는 그 백성과 그 신에게로 돌아가나니 너도 동서를 따라 돌아가라 ¹⁶룻이 가로되 나로 어머니를 떠나며 어머니를 따르지 말고 돌아가라 강권하지 마옵소서 어머니께서 가시는 곳에 나도 가고 어머니께서 유숙하시는 곳에서 나도 유숙하겠나이다 어머니의 백성이 나의 백성이 되고 어머니의 하나님이 나의

하나님이 되시리니 ¹⁷어머니께서 죽으시는 곳에서 나도 죽어 거기 장사될 것이라 만일 내가 죽는 일 외에 어머니와 떠나면 여호와께서 내게 벌을 내리시고 더 내리시기를 원하나이다 ¹⁸나오미가 룻이 자기와 함께 가기로 굳게 결심함을 보고 그에게 말하기를 그치니라 한집에 남편을 잃은 세 여인이 함께 살고 있다는 것은 참으로 처량하고 비참한 신세입니다. 고대사회에서 남편을 잃은 과부는 부모가 없는 고아와 함께 가장 가난하고 불쌍한 계층의 사람들로 여겨졌습니다. 특히, 과부 중에서도 봉양할 자식마저 없는 과부는 가장 불행한 여인이었습니다. 그나마 나오미에게는 두 며느리가 있었지만, 그 며느리들이 남편을 잃고 자식이 없는 과부였다는 사실이 나오미를 더 비참하게 했습니다.

　이렇게 모압 지방에서 두 어린 며느리와 하루하루 먹고살 것을 걱정하며 힘겹게 살고 있던 나오미에게 어느 날 고향으로부터 뜻밖의 소식이 들려왔습니다. 여호와께서 자기 백성을 돌보셔서 유다 땅에 풍년이 들어 먹을 양식을 공급해주셨다는 소식이었습니다. 유다 베들레헴과 모압은 사해를 사이에 두고 있어서 아주 먼 거리는 아니었습니다. 남편과 두 아들, 모두를 잃어버린 나오미는 더 이상 모압 땅에서 살아야 할 이유가 없었습니다. 더욱이 고향 땅인 유다 베들레헴에 풍년이 들어 먹을 양식이 풍족하다는 소식은 나오미로 하여금 모압을 떠나 고향으로 돌아갈 결심을 하게 했습니다. 고향으로 떠날 채비를 하고 두 며느리와 함께 길을 나선 나오미는 두 며느리에게 이렇게 말합니다.

> 8나오미가 두 자부에게 이르되 너희는 각각 어미의 집으로 돌아가라 너희가 죽은 자와 나를 선대한 것 같이 여호와께서 너희를 선대하시기를 원하며 9여호와께서 너희로 각각 남편의 집에서 평안함을 얻게 하시기를 원하노라 하고 그들에게 입맞추매 그들이 소리를 높여 울며.

'선대'라는 단어는 히브리어로 '헤세드'입니다. 헤세드는 일반적으로 변함없는 사랑을 의미하는데, 룻기를 이해하는 데 매우 중요한 키워드입니다. 구약성경에서 헤세드는 보통 '인애'仁愛라는 말로 번역이 되었는데, 여호와께서 언약에 근거하여 이스라엘 백성에게 베푸시는 한결같은 사랑을 의미할 때 사용된 단어입니다. 나오미는 두 며느리가 죽은 두 아들에게 변함없는 사랑으로 선대한 것처럼, 여호와께서도 두 며느리를 선대해주셔서 새 남편을 만나 행복한 보금자리를 꾸미길 빌었습니다.

나오미는 두 며느리에게 입을 맞추고 작별 인사를 했습니다. 그러자 두 며느리가 큰 소리로 울면서 나오미에게 이렇게 말합니다. "아닙니다. 우리는 어머니와 함께 어머니의 동족에게로 돌아가겠습니다." 이 장면을 드라마화해서 영상으로 본다면 정말 눈물 없이는 볼 수 없는 감동적인 장면일 것입니다. 젊은 두 며느리를 친딸처럼 아끼고 사랑하는 마음에 친정으로 돌려보내며 앞으로 재가하여 행복하게 살기를 바라는 시어머니의 마음과 어머니와 함께 어머니의 나라로 가겠다며 매달리는 두 며느리의 마음이 얼마나 아름답습니까? 세상 모든 시어머니와 며느리들이 나오미와 룻과 오르바와 같다면 고부간의 갈등은 진작 사라졌을 것입니다.

어머니와 함께 가겠다는 며느리들을 향해 나오미가 하는 말을 더 들어보겠습니다.

11 그러나 나오미가 말했습니다. "내 딸들아, 집으로 돌아가거라. 왜 나와 함께 가려고 하느냐? 너희 남편이 될 만한 아들이 내게 더 있기라도 하다면 모를까. 12 내 딸들아, 집으로 돌아가거라. 나는 너무 늙어 새 남편을 들이지도 못한다. 만약 오늘 밤 내게 남편이 생겨 아들을 낳는다고 해도 13 그 아이들이 자랄 때까지 너희가 기다리겠느냐? 너희가 그런 것을 바라고 재혼하지 않고 있겠느냐? 아니다. 내 딸들아, 여호와의 손이 나를 치셨으므로 내가 너희를 생각하면 정말 마음이 아프구나(1:11-13, **우리말성경**).

나오미의 말을 잘 이해하기 위해서는 고대 유대 사회에 있었던 '계대결혼법'繼代結婚法을 이해해야 합니다. 계대결혼법은 신명기 25장 5-6절에 근거한 법입니다. 남편이 자식 없이 죽었을 때, 그 아내가 남편의 형제와 결혼하여 남편의 대를 잇는 제도입니다. 나오미는 이 계대결혼법을 언급하면서 자신은 늙어서 결혼하여 말론과 기론의 동생이 될 아들을 낳을 수도 없고, 설령 낳는다 하더라도 그 아들들이 자라서 두 며느리와 결혼하려면 오랜 시간이 걸릴 텐데 그때까지 재혼하지 않고 살 수 있겠냐며 절대 그럴 수는 없으니 친정으로 돌아가라고 했던 것입니다. 나오미는 어떻게 해서든지 자기를 따라오지 못하도록 며느리들을 친정으로 돌려보내기 위해 이런 말을 한 것입니다.

우리는 13절에서 "여호와의 손이 나를 치셨으므로 나는 너희로 인하여 더욱 마음이 아프도다"라고 나오미가 한 말의 의미를 생각해 볼 필요가 있습니다. "여호와의 손이 나를 치셨다"는 말은 여호와께서 나를 징계하셨다는 것입니다. 흉년이 나서 유다 땅 베들레헴을 버리고 이방 땅 모압으로 이주해온 것에 대해 여호와께서 자신을 징계하셔서 남편과 두 아들을 잃게 되었다는 의미입니다. "나는 너희로 인하여 더욱 마음이 아프도다"라는 말은 나오미 자신의 잘못으로 인하여 두 아들을 잃게 되는 바람에 며느리들이 청상과부 신세가 된 것을 생각하면 마음이 너무나 아프다는 의미입니다.

나오미의 말에서 두 가지 사실을 확인할 수 있습니다. 첫째, 나오미가 자신의 남편과 두 아들의 죽음을 자신의 잘못에 대한 여호와의 징계로 인식하고 있다는 것입니다. 둘째, 자신의 잘못으로 인하여 두 며느리가 남편을 잃고 과부가 된 것에 책임을 통감하며 가슴 아파할 만큼 며느리들을 사랑한다는 것입니다. 우리는 여기서 시어머니 나오미의 훌륭한 신앙 인격을 발견하게 됩니다.

아들이 장가를 갔는데 얼마 안 있어 죽게 되면 시어머니들은 어떤 생각을 할까요? 아마도 우리나라 시어머니들은 대부분 "며느리를 잘못 들여서 내 아들이 죽었다"며 며느리를 원망하고 몹시 구박할 것입니다. 그런데 나오미는 그런 생각을 전혀 하지 않았습니다. 오히려 자신의 잘못으로 인하여 며느리들이 남편을 잃게 되었다며 미안해하고 가슴 아파했습니다. 세상에 이렇게 며느리를 사랑하는 시어머니가 어디에 있을까요? 12절과 13절을 보면, 나오미가 두 며느리를 향해 "내 딸들아"라고 부르고 있습니다. 정말 나오미는 며느리를 자기 친딸처럼 생각했던 것입니다.

우리는 시어머니 나오미를 보면서 고부간의 갈등을 예방하고 해결하는 방법을 배우게 됩니다. 나오미처럼 모든 시어머니가 며느리를 친딸처럼 아끼고 사랑하면 며느리는 룻처럼 시어머니를 친정어머니처럼 봉양하게 될 것입니다. 그럼 고부간의 갈등은 쉽게 사라지게 될 것입니다. 세상 모든 시어머니는 과거에 누군가의 며느리였습니다. 그러니 며느리의 처지를 누구보다 잘 알 것입니다. 그러므로 며느리 시절을 생각하며 며느리를 배려해주고 친딸처럼 아끼고 사랑하면 반드시 고부간 갈등은 사라지게 될 것입니다. 그런데 현실은 어떻습니까? '개구리 올챙이 적 생각 못 한다'라는 속담처럼 며느리 시절을 까맣게 잊고 독한 시어머니가 되어 '내가 시어머니한테 이렇게 당했으니 너도 한번 당해 봐라.' 이런 심보로 며느리를 대하니 고부간의 갈등이 대물림되는 것입니다. 물론 고부간에 좋은 관계를 유지하기 위해서는 시어머니만 노력해서는 안 됩니다. 며느리도 시어머니가 배려하면 그만큼 잘 섬겨야 합니다. 좋은 인간관계는 쌍방이 서로 노력할 때 유지되는 것입니다. 앞으로 더 살펴보겠지만 룻기는 아름다운 고부 관계를 감동적으로 보여주는 성경입니다. 룻기를 통해 고부 관계를 위한 좋은 교훈을 배워서 실천하면 어느새 갈등이 해소되고 나오미와 룻처럼 아름다운 고부 관계가 회복될 것입니다.

며느리를 사랑하는 나오미의 진심 어린 말을 들은 두 며느리는 다시금 큰 소리로 울었습니다. 그런데 두 며느리는 실컷 울고 난 후에 상반된 선택을 합니다. 14절입니다.

그들이 소리를 높여 다시 울더니 오르바는 그 시모에게 입맞추되 룻은 그를 붙좇았더라.

작은며느리 오르바는 나오미와 작별의 입맞춤을 하고 돌아갔고, 큰며느리 룻은 나오미 곁을 붙좇았습니다. '붙좇다'는 히브리어로 '달라붙다, 밀착하다, 굳게 결합하다, 함께 머물다'라는 뜻입니다. 그러니까 룻이 시어머니를 꼭 붙잡고 놓지 않는 모습을 나타내는 말입니다. 나오미는 15절에서 룻에게 오르바처럼 돌아가라고 권면합니다.

> 나오미가 또 가로되 보라 네 동서는 그 백성과 그 신에게로 돌아가나니 너도 동서를 따라 돌아가라.

나오미의 이 말에서 우리가 알아야 할 중요한 사실이 있습니다. 모압 여인인 오르바와 룻이 시어머니 나오미를 따라가는 것은 단순히 모압에서 유다 베들레헴으로 거주지를 옮기는 정도가 아니었습니다. 그것은 자신의 동족인 모압과 모압 사람들이 섬기는 신들을 버리고 이스라엘 민족으로 귀화하는 것임과 동시에 이스라엘 민족이 섬기는 여호와에게로 귀의하는 것을 의미했습니다. 고대사회에서는 민족마다 섬기는 민족 신이 따로 있었습니다. 모압 족속은 그모스와 바알브올이라는 우상 신을 섬겼습니다. 그러므로 다른 민족으로 귀화한다는 것은 개종을 의미하는 것이었습니다. 따라서 오르바와 룻은 시어머니를 따라나설 때 중요한 선택을 해야 했던 것입니다. 조국인 모압을 버리고 시어머니의 나라인 이스라엘을 선택할 것인가, 그모스와 바알브올을 배신하고 이스라엘의 하나님 여호와를 섬길 것인가, 중요한 선택의 기로에 있었던 것입니다.

이 선택의 기로에서 오르바는 모압과 모압의 신들을 선택했습니다. 그래서 나오미와 끝까지 함께하지 못하고 작별을 고했습니다. 그러면 큰며느리 룻의 선택은 무엇이었을까요? 나오미에게 한 룻의 말을 들어보겠습니다.

> 16룻이 가로되 나로 어머니를 떠나며 어머니를 따르지 말고 돌아가라 강권하지 마옵소서 어머니께서 가시는 곳에 나도 가고 어머니께서 유숙하시는 곳에서 나도 유숙하겠나이다 어머니의 백성이 나의 백성이 되고 어머니의 하나님이 나의 하나님이 되시리니 17어머니께서 죽으시는 곳에서 나도 죽어 거기 장사될 것이라 만일 내가 죽는 일 외에 어머니와 떠나면 여호와께서 내게 벌을 내리시고 더 내리시기를 원하나이다.

지금은 고인이 되셨지만 제가 존경하는 어떤 목사님은 생전에 설교를 하시면서 성경 전체에서 가장 문학적으로 아름답고 멋지고 감동적인 신앙고백은 룻기 1장 16-17절이라고 말했습니다. 저도 그 말씀에 전적으로 공감합니다. 룻의 답변에서 우리는 그녀의 매우 단호하고 결연한 의지를 엿볼 수 있습니다. 룻은 죽음이 갈라놓기 전에는 시어머니 나오미 곁을 결코 떠나지 않겠다고 말했습니다. 이제부터 자신은 이스라엘 민족으로 귀화할 것이며 나오미가 믿는 하나님을 자신의 하나님으로 섬길 것이라고 말했습니다. 만일 자신이 나오미를 떠나면 여호와께서 자기에게 벌을 내리시기를 원한다고까지 말했습니다. 이렇게 룻은 자기의 조국 모압과 모압의 신을 과감히 버리고 시어머니 나오미의 백성인 이스라엘과 여호와 하나님을 선택했습니다. 18절에 나오듯이 너무도 단호하고 확고한 룻의 결정에 나오미도 더 이상 돌아가라고 강권할 수가 없었습니다.

우리는 오늘 본문에서 오르바와 룻이라는 두 여인의 상반된 선택을 보았습니다. 오르바와 룻은 둘 다 모압 여인이었지만, 서로 다른 선택을 했습니다. 오르바는 자기 조국인 모압과 모압의 신을 선택했고, 룻은 시어머니를 따라 이스라엘로 귀화를 했고 이스라엘의 신 여호와를 선택했습니다. 우리는 이 두 여인의 선택을 윤리와 애국심이라는 잣대로 평가하지 않을 것입니다. 다만, 이 두 여인의 선택을 신앙적인 관점에서 바라보려고 합니다. 오르바와 룻은 누구의 강요에 의해서가 아니라, 자신들의 의지로 각자의 길을 선택했습니다. 그런데 그 선택에 따른 결과는 그 두 사람의 영원한 운명을 갈라놓고 말았습니다. 오르바는 모압과 모압의 신들을 선택함으로써 영원한 멸망의 길을 가게 되었고, 룻은 이스라엘과 여호와 하나님을 선택함으로써 영원한 생명의 길을 가게 되었습니다.

오래전 대기업의 가전제품 광고 문구 중에 이런 글이 있었습니다. "순간의 선택이 10년을 좌우합니다." 가전제품을 어떤 걸 선택하느냐는 10년을 좌우할 수 있습니다. 그러나 어떤 선택과 결정은 10년이 아니라 영원한 운명을 좌우할 수 있습니다. 그 영원한 운명을 좌우하는 선택의 문제가 바로 '어떤 신을 믿느냐, 어떤 종교를 갖느냐' 하는 것입니다. 오르바와 룻은 이 중요한 선택의 기로에서 서로 다른 선택을 했고 그 결과 그들의 영원한 운명을 가르고 말았습니다. 앞으로 더 살펴보겠지만 룻은 이 선택으로 인하여 다윗 왕의 증조할머니가 되었고 메시아이신 예수님의 조상이 되는 놀라운 축복을 얻게 되었습니다.

지나온 인생을 돌이켜 보면, 우리도 역시 이러한 선택의 기로에서 있던 때가 있었습니다. 그런데 다행히도, 감사하게도 우리도 룻처럼 하나님을 믿기로 선택했습니다. 우리 중에 이 선택을 후회하는 사람은 아무도 없을 것입니다. 아마도 우리 인생을 통틀어 여호와 하나님을 믿기로 한 선택이 가장 탁월한 선택이었을 것입니다. 그런데 우리는 이 사실을 반드시 기억해야 합니다. 우리가 하나님을 믿기로 선택하기 전에 먼저 하나님께서 우리를 선택하셨다는 사실입니다. 에베소서 1장 3-6절 말씀입니다.

3찬송하리로다 하나님 곧 우리 주 예수 그리스도의 아버지께서 그리스도 안에서 하늘에 속한 모든 신령한 복으로 우리에게 복 주시되 4곧 창세 전에 그리스도 안에서 우리를 택하사 우리로 사랑 안에서 그 앞에 거룩하고 흠이 없게 하시려고 5그 기쁘신 뜻대로 우리를 예정하사 예수 그리스도로 말미암아 자기의 아들들이 되게 하셨으니 6이는 그의 사랑하시는 자 안에서 우리에게 거저 주시는 바 그의 은혜의 영광을 찬미하게 하려는 것이라.

창세 전에 하나님께서는 예수 그리스도 안에서 우리를 택하셨습니다. 그리고 우리를 하나님의 자녀가 되게 하시려고 예정하셨습니다. 이것을 가리켜 '선택과 예정' 교리라고 합니다. 이 선택과 예정 교리에 따르면, 우리가 하나님을 믿기로 선택하고 결정하게 된 것은 창세 전에 하나님께서 우리를 선택하시고 예정하신 결과입니다. 조금 전에 우리가 선택을 잘했다고 우리 자신을 칭찬했는데, 사실 정말 칭찬을 받으실 분은 우리를 선택하신 하나님이십니다. 하나님을 칭찬하는 것은 하나님을 찬송하는 것입니다. 사도 바울도 에베소서에서 "찬송하리로다 하나님"이라고 했고 "우리에게 거저 주시는바, 그의 은혜의 영광을 찬미하게 하려는 것"이라고 했습니다. 우리는 창세 전에 우리를 선택하시고 예정해주셔서 우리가 다른 거짓된 신이나 우상을 믿기로 선택하지 않고 여호와 하나님을 믿기로 선택할 수 있게 하신 은혜에 감사와 찬양을 돌려야 합니다. 그리고 앞으로 우리 인생에서 중요한 선택과 결정을 하는 순간마다 하나님의 뜻과 인도하심 가운데 현명한 선택과 결정을 할 수 있도록 하나님의 선택과 예정을 믿어야 합니다.

3.

회복의 시작,
하나님 아버지께로 돌아오다

19이에 그 두 사람이 행하여 베들레헴까지 이르니라 베들레헴에 이를 때에 온 성읍이 그들을 인하여 떠들며 이르기를 이가 나오미냐 하는지라 20나오미가 그들에게 이르되 나를 나오미라 칭하지 말고 마라라 칭하라 이는 전능자가 나를 심히 괴롭게 하셨음이니라 21내가 풍족하게 나갔더니 여호와께서 나로 비어 돌아오게 하셨느니라 여호와께서 나를 징벌하셨고 전능자가 나를 괴롭게 하셨거늘 너희가 어찌 나를 나오미라 칭하느뇨 하니라 22나오미가 모압 지방에서 그 자부 모압 여인 룻과 함께 돌아왔는데 그들이 보리 추수 시작할 때에 베들레헴에 이르렀더라 오르바가 떠난 후, 둘만 남은 나오미와 룻은 베들레헴을 향해 발걸음을 옮겼습니다. 베들레헴을 향해 가는 두 여인의 심정은 어땠을까요? 나오미는 10년 전에 남편과 두 아들과 함께 넷이서 이 길을 걸었던 적이 있습니다. 흉년으로 메말라버린 고향 땅을 뒤로하고 잘살아보겠다며 부푼 기대감을 안고 모압 땅으로 향하던 그때가 아련히 생각났을 것입니다. 그런데 10년이 지나, 그 지나왔던 길을 다시 며느리와 단둘이 걷게 될 줄이야 꿈에서도 상상하지 못했을 것입니다. 베들레헴을 향하는 길은 나오미에게는 익숙한 길이었지만, 며느리인 룻에게는 전혀 생소하고 낯선 길이었습니다. 베들레헴에 점점 가까이 이르렀을 때 나오미와 룻의 심정은 서로 달랐을 것입니다. 나오미는 10년 만에 고향 사람들을 다시 만날 생각에 벌써 숨통이 막히고 현기증이 나는 것 같았습니다.

　"남편과 두 아들은 왜 함께 안 왔어요?"

"이 젊은 여성은 도대체 누구요?"

"아니 그 많던 살림살이는 어디다 버려두고 온 거요?"

나오미는 고향 사람들의 예상되는 질문에 어떻게 답을 해야 할지 생각하니 자기도 모르게 자꾸 한숨이 나오고 발걸음은 무겁기만 했습니다. 반면에 룻은 전혀 낯선 환경에서 시어머니를 모시고 어떻게 살아가야 할지 막막하기만 했습니다. 이런저런 생각에 말없이 걷다 보니 어느새 베들레헴에 도착했습니다.

22절을 보면, 나오미가 모압 지방에서 룻과 함께 베들레헴에 돌아온 시기는 보리 추수가 시작될 무렵이었습니다. 유대 땅에서는 보통 가을에 보리를 파종하여 이듬해 봄에 추수를 합니다. 보리 추수를 하는 시기는 대략 양력으로 4월 중순경입니다. 이스라엘의 절기 중에서 보리를 추수해서 첫 열매를 바치는 절기를 가리켜 '초실절'이라고 합니다. 초실절은 유월절 다음날부터 시작되는 무교절 기간에 있는 안식일 다음 날입니다. 그러니까 나오미와 룻이 베들레헴에 돌아온 때가 보리 추수가 시작되는 초실절 무렵이었으니까 어쩌면 이때가 유월절과 무교절 기간이었을지도 모릅니다. 유월절 또는 무교절은 맥추절과 초막절과 더불어 이스라엘에서 가장 중요한 3대 절기입니다. 따라서 율법에 따라 이스라엘 성인 남자들은 모두 예루살렘에 올라가 유월절과 무교절을 지켜야 했습니다. 당시에는 예루살렘에 아직 성전이 건축되지 않기 때문에 아마 실로에 있던 회막으로 갔을 것입니다. 그래서 베들레헴에는 주로 여성들과 나이 어린 아이들만 있었을 것입니다. 이런 추측이 얼마든지 가능하다는 것을 뒷받침하는 근거가 19절에 있습니다. 잠시 후에 자세히 살펴보겠습니다.

나오미와 룻이 베들레헴에 도착했을 때, 두 사람으로 인해 온 마을이 떠들썩해졌습니다. 19절 중반 절을 보시면, "온 성읍이 그들을 인하여 떠들며 이르기를 이가 나오미냐 하는지라"라고 쓰여 있습니다. 여기에서 "이르기를"은 "말하다"라는 동사인데, 원어를 보면 히브리어로 3인칭 여성 복수입니다. 히브리어는 우리말과 다르게 동사만 봐도 여성이 말했는지, 남성이 말했는지, 혼자 말했는지, 여럿이 말했는지를 알 수 있습니다. 그러니까 "이 여자가 나오미냐?"라고 말한 사람들은 모두 여자였다는 것을 알 수 있습니다. 그래서 쉬운성경은 19절을 이렇게 번역했습니다.

나오미와 룻은 길을 떠나 베들레헴으로 향했습니다. 그들이 베들레헴에 도착했을 때, 온 마을이 떠들썩해졌습니다. 마을 여자들이 말했습니다. "이 사람이 정말 나오미인가?"

나오미와 룻이 베들레헴에 돌아왔을 때 온 마을이 떠들썩했다고 했는데 왜 여자들만 나오미를 알아보았을까요? 남자들은 여자들보다 사람을 알아보는 관찰력이 떨어져서 나오미를 알아보지 못한 걸까요? 그게 아니라 남자들이 유월절과 무교절을 지키러 가서 베들레헴에는 주로 여자들만 있었기 때문일 것입니다. 베들레헴 여인들이 10년 만에 나타난 나오미를 보면서 왜 떠들썩했을까요? 그리고 왜 "이 사람이 정말 나오미인가?" 하고 의아해했을까요? "10년이면 강산도 변한다"라는 말처럼 나오미가 10년 사이에 얼굴도 몰라볼 정도로 늙어서였을까요? 아마도 10년 만에 돌아온 나오미의 얼굴에 모압에서 보낸 10년 동안 겪은 인생의 고달픔이 짙게 묻어 있어서였을 것입니다. 남편과 두 아들을 먼저 떠나보내면서 겪은 슬픔과 아픔이 얼굴에 고스란히 새겨져 있었을 것입니다. 모압에서 10년 만에 돌아온 나오미의 곁에 남편도 두 아들도 아닌 젊은 모압 여인 룻이 있는 걸 보면서 베들레헴 마을 여인들도 나오미의 인생에 크나큰 우여곡절이 있었을 거라 어느 정도 눈치를 챘을 것입니다. 10년 만에 나타난 자신의 모습을 보며 서로 수군대는 고향 여인들을 향해 나오미가 침묵을 깨고 처음으로 내뱉은 말은 이것이었습니다.

나를 나오미라 부르지 말고 나를 마라라 부르라.

이 말을 제대로 이해하기 위해서는 '나오미'라는 이름의 뜻과 '마라'라는 말의 뜻이 무엇인지를 알아야 합니다. '나오미'의 뜻은 '기쁨'입니다. 좀 더 정확한 뜻은 '나의 기쁨'입니다. 그리고 '마라'는 '괴로

움', '(맛이) 씀'이라는 뜻입니다. 출애굽기 15장 23절에서, 출애굽한 이스라엘 백성이 홍해를 건넌 후 '마라'에 이르렀는데 그곳에 물이 써서 마시지 못하게 되자 그곳 이름을 '마라'라고 했다는 이야기가 기억날 것입니다. '나오미'와 '마라' 대신에 그 의미를 넣어서 나오미가 한 말을 다시 읽어봅니다.

나를 기쁨이라 부르지 말고 나를 괴로움이라 부르라.

왜 나오미가 자신의 이름을 '마라'라고 불러 달라고 했는지 그 이유가 바로 이어서 나옵니다. "이는 전능자가 나를 심히 괴롭게 하셨음이니라"(20절). 여기에서 '이는'은 '왜냐하면'입니다. '전능자'는 '전능하신 여호와 하나님'을 가리킵니다. 그러니까 그 이유는 전능하신 여호와 하나님께서 나오미를 매우 괴롭게 하셨기 때문이라는 것입니다. 나오미는 21절에서 좀 더 부연 설명을 하고 있습니다.

내가 풍족하게 나갔더니 여호와께서 내게 비어 돌아오게 하셨느니라 여호와께서 나를 징벌하셨고 전능자가 나를 괴롭게 하셨거늘 너희가 어찌 나를 나오미라 칭하느뇨 하니라.

"내가 풍족하게 나갔더니"는 나오미의 가정이 베들레헴을 떠나 모압으로 갈 때의 상태를 가리키는 것입니다. 본래 나오미의 가정은 베들레헴에서 경제적으로 넉넉하고 윤택한 가정이었던 것 같습니다. "여호와께서 나로 비어 돌아오게 하셨다"라는 것은 모압 땅으로 이주한 나오미의 가정이 10년 만에 가장인 남편이 죽고 두 아들도 죽으면서 경제적으로 몰락하여 빈털터리 신세로 베들레헴으로 돌아오게 되었다는 뜻입니다. 이것은 여호와께서 자신을 불행하게 만들었다며 나오미가 여호와를 원망하는 소리가 결코 아닙니다. 나오미는 이렇게 된 것이 모두 전능하신 여호와께서 자신을 징벌하셨고 괴롭게 하셨기 때문이라고 말합니다. "여호와께서 나를 징벌하셨다"라는 것은 나오미가 여호와 보시기에 잘못을 했다는 것을 시인하는 것이고, 그래서 징계와 벌을 받았다는 것을 의미하는 것입니다. 나오미는 지금, 자기가 아무런 잘못도 한 것이 없는데 여호와께서 까닭 없이 자신을 치셔서 불행해졌다며 하나님을 원망하는 것이 결코 아닙니다. 그녀는 지난날 남편과 자기가 두 아들을 데리고 베들레헴을 떠나 이방 땅 모압으로 이주한 것이 잘못된 선택과 결정이었다는 사실을 깊이 반성하고 후회하는 것입니다. 그래서 몹시 괴로운 자신의 현재 처지와는 전혀 어울리지 않은 '나오미'라는 이름을 더 이상 부르지 말아 달라는 것입니다. 우리는 이제 고향 땅 베들레헴으로 돌아온 나오미의 심정이 이해가 될 것입니다.

고향 땅 베들레헴을 풍족한 상태에서 떠났다가 빈털터리가 되어서 돌아온 나오미를 보면서, 자연스럽게 오버랩 되는 신약성경의 한 인물이 있습니다. 그는 실제로 존재하는 인물이 아니라 예수님께서 들려주신 이야기 속에 등장하는 가상의 인물입니다. 누가복음 15장에서, '돌아온 탕자의 비유'로 알려진 이야기 속에 나오는 둘째 아들입니다. 둘째 아들은 아버지의 집을 떠날 때는 자기에게 주어진 분깃을 다 챙겨서 풍족하게 떠났습니다. 그러나 먼 나라로 가서 그 많던 재산을 허랑방탕하게 다 낭비하고서 빈털터리가 되어 집으로 돌아왔습니다. 나오미의 이야기와 탕자의 이야기는 서로 같은 주제를 말하고 있습니다. 고향을 떠나 모압에 가서 남편과 두 아들을 잃고 빈털터리가 되어서 며느리 룻과 함께 베들레헴에 돌아와 여호와께서 나를 징벌하여 괴롭게 하였으니 더 이상 나를 나오미라고 부르지 말고 마라라고 불러 달라는 나오미! 집을 떠나 먼 나라에 가서 재산을 탕진하고 돼지를 치며 허기를 달래기 위해 돼지가 먹는 쥐엄 열매로 배를 채우고자 했으나 주는 자가 없을 때, 비로소 자신의 잘못을 깨닫고 일어나 아버지께로 돌아갔던 둘째 아들! 이 두 사람은 공통적으로 자신의 잘못된 선택으로 인하여 모든 것을 상실하고 빈털터리가 되는 가엾은 신세로 전락했지만, 뒤늦게 잘못을 깨닫고 하나님께로 돌아왔습니다.

그러면 나오미의 이야기와 둘째 아들의 이야기가 말하고자 하는 중요한 메시지는 과연 무엇일까요? 비록 모든 것을 잃어버린 가엾은 신세가 되어도 잘못을 깨닫고 하나님 아버지께로 돌아오는 순간부터 진정한 회복은 시작된다는 사실입니다. 모든 것을 잃고 거지 신세로 전락한 둘째 아들이 자신의 잘못을 뉘우치고 아버지의 집으로 돌아왔을 때, 아버지는 그를 보고 측은히 여겨 달려가 목을 안고 입을 맞추며 반갑게 품어 주었습니다. 그리고 제일 좋은 옷을 입히고 손에 가락지를 끼우고 발에 신을 신기며 살진 송아지를 끌어다가 잡아 잔치를 벌이며 그에게 아들의 지위를 회복시켜 주었습니다. 아직 룻기의 이야기를 다 살펴보지는 않았지만, 빈털터리가 되어 가엾고 처량한 신세로 고향 땅에 돌아온 나오미의 인생이 앞으로 어떻게 펼쳐질지 우리는 예상할 수 있습니다. 앞으로 텅 빈 나오미를 다시 풍족하게 채워주시는 하나님 아버지의 헤세드_{인애}를 살펴보게 될 것입니다.

우리는 본래 죄를 짓고 죄와 사망의 권세 아래에 갇혀 죄의 노예로 살았던 사람들입니다. 그러던 우리가 죄를 회개하고 하나님 아버지께로 돌아왔을 때, 하나님께서는 우리를 어떻게 대해주셨습니까? 우리의 모든 죄를 용서해주시고, 의롭다 하시며, 하나님의 자녀가 되는 권세를 주셨습니다. 그리고 우리를 위해 예비하신 하늘나라를, 영원한 기업으로 상속하신다고 약속하셨습니다.

혹시 우리 중 누군가는 자신의 처지가 나오미처럼 지난 죄와 잘못으로 인해 모든 것을 잃어버리고 텅 빈 인생으로 전락했다고 생각할 수 있습니다. 그렇다면 너무 낙심하지 마시기 바랍니다. 지금이라도 진정으로 잘못을 뉘우치고 하나님 아버지께로 돌아오시기 바랍니다.

이사야서 1장 18-19절입니다.

> [18] 여호와께서 말씀하시되 오라 우리가 서로 변론하자 너희 죄가 주홍 같을지라도 눈과 같이 희어질 것이요 진홍 같이 붉을지라도 양털 같이 되리라 [19] 너희가 즐겨 순종하면 땅의 아름다운 소산을 먹을 것이요.

하나님 아버지의 품으로 돌아오는 순간부터 회복은 다시 시작됩니다. 텅 빈 우리의 인생에 풍족하게 채워주시는 하나님의 은혜가 임할 것입니다. 우리는 '코로나'라는 고통스러운 대재앙의 시대를 살고 있습니다. 코로나는 재앙 중의 대재앙입니다. 코로나로 인하여 현재(2022년 10월 기준) 전 세계적으로 650만 명이 죽었습니다. 확진자의 수는 5억 9,435만 명입니다. 코로나는 전 세계적인 재앙pandemic입니다. 우리만 겪고 있는 것이 아닙니다. 전 세계가 겪고 있습니다. 출애굽기의 10가지 재앙은 애굽에만 임한 재앙이었습니다. 코로나는 전 세계적인 전염병 재앙입니다. 마치 노아 시대에 대홍수 사건처럼 말입니다. 이 코로나가 우리에게서 얼마나 소중한 것들을 빼앗아갔습니까? 코로나에 감염된 사랑하는 부모와 배우자와 가족들을 빼앗아갔습니다. 코로나로 인해 경제가 침체되어 생업과 직장을 잃어버린 사람들도 있습니다. 교회도 많은 것을 잃었습니다. 이런 때에 우리는 자칫 이 현실을 바라보며 하나님을 향해 불평하며 원망할 수 있습니다. 하나님에게서 멀어질 수 있습니다. 그러나 이런 재앙의 때일수록 정신을 바짝 차리고 하나님께 더욱 매달리며 하나님께 가까이 가고자 힘써야 합니다. 그럴 때 텅 빈 우리의 마음과 삶을 회복시켜 주시는 하나님의 헤세드를 경험하게 될 것입니다. 룻기의 이야기가 먼 옛날에 있었던 이야기가 아니라 오늘 우리의 이야기임을 알게 될 것입니다. 나오미와 룻이 만난 하나님이 바로 나의 하나님임을 깨닫게 될 것입니다. 하나님께 돌아갈 때 진정한 회복이 시작됩니다.

RUTH

4.

롯 2:1-7 ──────
우연한 만남인가,
하나님의 인도인가?

¹나오미의 남편 엘리멜렉의 친족 중 유력한 자가 있으니 이름은 보아스더라 ²모압 여인 룻이 나오미에게 이르되 나로 밭에 가게 하소서 내가 뉘게 은혜를 입으면 그를 따라서 이삭을 줍겠나이다 나오미가 그에게 이르되 내 딸아 갈지어다 하매 ³룻이 가서 베는 자를 따라 밭에서 이삭을 줍는데 우연히 엘리멜렉의 친족 보아스에게 속한 밭에 이르렀더라 ⁴마침 보아스가 베들레헴에서부터 와서 베는 자들에게 이르되 여호와께서 너희가 함께 하시기를 원하노라 그들이 대답하되 여호와께서 당신에게 복 주시기를 원하나이다 ⁵보아스가 베는 자들을 거느린 사환에게 이르되 이는 뉘 소녀냐 ⁶베는 자를 거느린 사환이 대답하여 가로되 이는 나오미와 함께 모압 지방에서 돌아온 모압 소녀인데 ⁷그의 말이 나로 베는 자를 따라 단 사이에서 이삭을 줍게 하소서 하였고 아침부터 와서는 잠시 집에서 쉰 외에 지금까지 계속하는 중이니이다

룻기 전체를 4막으로 된 단막극으로 본다면, 이제 서막에 해당하는 1막이 끝나고 2막이 시작됩니다. 빈털터리가 되어 베들레헴으로 돌아온 나오미와 룻이 당면한 가장 큰 문제는 먹고사는 문제였습니다. 고대 이스라엘 사회에서 남편이 없는 과부는 고아와 함께 가장 가난하고 불쌍한 부류의 사람들이었습니다. 남편 없는 나오미와 룻, 이 두 과부의 민생고를 해결해 줄 사람은 아무도 없었습니다. 무작정 시어머니를 따라 낯선 이국땅인 베들레헴에 온 룻은 앞으로 어떻게 살아야 할지 막막했습니다. 더구나 모압 여인인 룻은 이방인에 대한 이스라엘 사람들의 무시와 편견을 잘 알고 있었기에 두려움도 느꼈습니다. 그러나 당장 나이 많은 시어머니를 봉양해야 했기에 그런 문화적인 장벽을 탓하며 가만히 앉아 있을 수는 없었습니다. 다행히도 당시는 보리를 추수하는 시기였고, 당장 먹고살기 위해 룻이 할 수 있는 일은 추수 밭에 나가서 이삭을 줍는 일이었습니다. 고대 이스라엘 사회에서는 추수 시기에 밭이나 과수원의 가장자리에 농작물의 일부와 떨어진 이삭을 극빈자들을 위해 남겨놓는 것을 율법으로 규정하고 있습니다.

이와 관련된 율법의 규정들을 인용해보겠습니다.

9너희 땅의 곡물을 벨 때에 너는 밭 모퉁이까지 다 거두지 말고 너의 떨어진 이삭도 줍지 말며 10너의 포도원의 열매를 다 따지 말며 너의 포도원에 떨어진 열매도 줍지 말고 가난한 사람과 타국인을 위하여 버려 두라 나는 너희 하나님 여호와니라(레 19:9-10).

너희 땅의 곡물을 벨 때에 밭 모퉁이까지 다 베지 말며 떨어진 진을 줍지 말고 너는 그것을 가난한 자와 객을 위하여 버려 두라 나는 너희 하나님 여호와니라(레 23:22).

네가 밭에서 곡식을 벨 때에 그 한 뭇을 밭에 잊어버렸거든 다시 가서 취하지 말고 객과 고아와 과부를 위하여 버려두라 그리하면 네 하나님 여호와께서 네 손으로 하는 범사에 복을 내리시리라(신 24:19).

이것은 여호와 하나님께서 직접 만드신 제도인데, 가난한 자들을 불쌍히 여기시는 하나님의 자비를 엿볼 수 있습니다. 하나님께서는 가난한 자들을 위해 이 제도를 실천하는 자들에게 복을 내리시겠다고 약속했지만, 탐욕스러운 지주들은 이러한 제도를 무시하는 경우가 많았습니다. 이러한 좋은 제도가 있다는 사실을 알게 된 룻은 이삭을 줍겠다고 나오미에게 말합니다. 2절입니다.

> 모압 여인 룻이 나오미에게 이르되 나로 밭에 가게 하소서 내가 뉘게 은혜를 입으면 그를 따라서 이삭을 줍겠나이다 나오미가 그에게 이르되 내 딸아 갈지어다 하매.

추수 밭에 가서 이삭을 줍는다는 것은 스스로 먹을 게 없는 가난하고 불쌍한 사람인 것을 나타내는 것이며, 사람들에게 눈칫밥을 먹어야 하는 자존심이 매우 상하는 일입니다. 더욱이 이방인이면서 젊은 과부였던 룻은 추수꾼인 이스라엘 남자들에게 놀림거리가 될 수도 있었습니다. 또 여인의 체력으로 뙤약볕 아래에서 장시간 이삭을 줍는 일은 육체적으로도 힘든 노동이었습니다. 이런 어려움을 겪을 것을 알았지만, 나오미는 당장 먹을 것이 없었기에 룻이 이삭을 주우러 간다고 했을 때 허락할 수밖에 없었습니다.

룻은 아침부터 서둘러 밭으로 나갔습니다. 고대 근동 지방에서는 태양열이 작렬하는 한낮을 피해 아침 일찍부터 추수를 시작하기 때문입니다. 추수꾼들이 하나둘씩 모여들어 각자 추수할 밭으로 향하는데, 룻은 누구를 따라 어느 밭으로 가야 할지 몰랐습니다. 인심이 좋아 보이는 추수꾼을 따라 무작정 가보기로 했습니다. 추수꾼을 따라간 그 밭에선 다행히도 룻이 이삭 줍는 것을 허용해주었습니다. 추수꾼들이 낫을 들고 보리를 베기 시작하자 룻도 그들의 뒤를 따라가며 떨어지는 이삭을 주워 부지런히 담기 시작했습니다. 룻은 이삭을 줍느라 허리도 아프고 온몸이 땀으로 뒤범벅이 되었지만, 점점 늘어나는 이삭을 한 움큼 쥐면서 끼니가 해결될 것을 생각하니 뿌듯해졌습니다.

그때 어디선가 큰 목소리로 추수꾼들을 향해 "여호와께서 너희와 함께하시기를 원하노라"라고 말하는 소리가 들려왔습니다. 추수꾼들도 일제히 그를 향해 "여호와께서 당신에게 복 주시기를 원하나이다"라고 답을 했습니다. 굳이 그가 누구인지 물어보지 않아도 이 농장의 주인이란 것을 알 수 있었습니다. 이 농장의 주인인 그는 누구입니까? 오늘 본문은 1절에서 일찍이 그가 누구인지를 밝히고 시작하고 있습니다.

나오미의 남편 엘리멜렉의 친족 중 유력한 자가 있으니 이름은 보아스더라.

그는 보아스입니다. 보아스는 룻기에서 룻과 함께 가장 중요한 중심인물입니다. 룻기의 저자는 보아스를 나오미의 죽은 남편인 '엘리멜렉의 친족'으로 소개합니다. 이스라엘의 전승에 따르면 보아스가 엘리멜렉의 조카였다는 설이 있습니다. 또 1절에서는 보아스를 '유력한 자'라고 소개합니다. 유력한 자란 히브리어 원어로 다양한 의미가 있는데, 그 의미를 종합해보면 '재력이 있고 영향력이 있는 자'라는 뜻입니다. 개역개정 성경의 하단 각주를 보면 '부호'라고 설명하고 있습니다. 부호라는 것은 재산이 넉넉하고 세력이 있는 사람이라는 뜻입니다. 그러니까 보아스는 베들레헴에서 부자이면서 영향력 있는 유지였음을 알 수 있습니다. 보아스가 부자라는 사실은 오늘 본문에서 농장과 여러 종들을 거느리고 있다는 사실을 통해서도 확인할 수 있습니다. 그런데 보아스는 앞으로 더 자세히 살펴보겠지만 단순히 돈만 많은 부자가 아니었습니다. 그는 인격과 덕망을 갖추어 많은 사람에게 존경을 받는 인물이었습니다. 그의 이름인 보아스는 '민첩한, 힘이 센'이라는 뜻을 가지고 있습니다.

1절에서 보아스를 소개하는 내용은 이것이 전부이지만 우리가 보아스에 대해 알아야 하는 중요한 사실이 하나 더 있습니다. 룻기 4장 21절을 보면, 보아스의 아버지가 살몬이라는 것을 알 수 있습니다. 보아스의 아버지 살몬이 누구입니까? 살몬은 라합의 남편입니다. 마태복음 1장에 나오는 예수님의 족보를 보면, "살몬은 라합에게서 보아스를 낳고"(마 1:5)라고 되어 있는 걸 확인할 수 있습니다. 그러니까 보아스의 어머니가 라합입니다. 라합은 본래 여리고 성의 기생이었습니다. 그런데 이스라엘의 정탐꾼들을 숨겨주어서 여리고 성이 멸망할 때 그녀와 그녀의 온 가족이 구원을 얻었습니다. 라합도 룻처럼 이방 여인이었지만, 구원을 얻고 이스라엘 백성으로 귀화했습니다. 라합은 귀화해서 유다 지파의 살몬과 결혼해서 보아스를 낳았는데, 보아스가 재물이 많은 것을 보면 여호와께서 라합과 그의 후손에게 복을 주셨다는 것을 알 수 있습니다. 무엇보다도 라합이 받은 가장 큰 복은 이방 여인으로서 메시아의 조상이 되었다는 점입니다.

그런데 라합의 아들인 보아스가 장차 누구의 남편이 됩니까? 룻의 남편이 됩니다. 오늘 본문은 룻과 보아스의 첫 만남을 소개합니다. 그런데 룻이 보아스를 어떻게 만나게 되었습니까? 3절입니다.

룻이 가서 베는 자를 따라 밭에서 이삭을 줍는데 우연히 엘리멜렉의 친족 보아스에게 속한 밭에 이르렀더라.

룻이 이삭을 주우러 어떤 추수꾼을 따라 밭에 갔는데 마침 그 밭이 엘리멜렉의 친족인 보아스의 밭이었던 것입니다. 룻은 그 밭이 죽은 시아버지의 친척인 보아스의 밭이라는 것을 전혀 몰랐습니다. 그냥 추수꾼을 따라갔는데, 가보니 보아스의 밭이었던 것입니다. 성경은 룻이 보아스의 밭에 가게 된 것을 '우연히'라고 기록하고 있습니다. 보아스도 처음부터 룻이 나오미의 며느리란 사실을 알고 만난 것이 결코 아니었습니다. 보아스는 어느 날 추수가 한창인 자신의 농장을 방문했습니다. 추수꾼들과 인사를 나누고 나서 농장을 둘러보는데, 처음 보는 젊은 소녀가 있어서 추수꾼을 감독하는 사환에게 "저 젊은 여자는 누구인가?"라고 물어보았습니다. 그랬더니 그 사환이 뭐라고 답을 했습니까? 6절과 7절입니다.

> 6 베는 자를 거느린 사환이 대답하여 가로되 이는 나오미와 함께 모압 지방에서 돌아온 모압 소녀인데 7 그의 말이 나로 베는 자를 따라 단 사이에서 이삭을 줍게 하소서 하였고 아침부터 와서는 잠시 집에서 쉰 외에 지금까지 계속하는 중이니이다.

다음 장에서 살펴보겠지만, 보아스는 친척 나오미가 10년 만에 젊은 며느리와 함께 모압에서 돌아왔다는 소식을 들어서 알고는 있었습니다. 그러나 보아스는 나오미와 함께 온 룻을 아직 만나본 적이 없었습니다. 그런데 우연히 자기 농장에서 이삭을 줍고 있던 젊은 여인이 룻이란 것을 알게 된 것입니다. 이렇게 룻과 보아스의 첫 만남은 서로가 전혀 예상치 못하게 우연히 이루어졌습니다. 우리는 뜻하지 않게 일어난 일을 가리켜 '우연'이라고 말합니다. 룻과 보아스, 두 사람은 그날 그 장소에서 서로 만나기로 약속한 바가 전혀 없습니다. 분명 그들의 첫 만남은 우연이었습니다. 그런데 과연 이 두 사람의 만남을 우연이라고만 말할 수 있을까요? 룻기의 이야기가 어떻게 전개되는지 이미 알고 있는 우리는 오늘 이야기 속에서 룻과 보아스의 만남이 단순히 우연이 아니라 하나님의 인도하심이 있었던 운명적인 만남이란 것을 알게 됩니다.

룻과 보아스도 처음엔 자신들의 만남이 우연인 줄 알았겠지만, 나중에 결혼을 하고 나서는 자신들의 만남이 하나님의 인도하심이었음을 확신하게 되었을 것입니다. 물론 그날 아침 이삭을 줍겠다고 집을 나선 것도, 추수꾼을 따라 그 밭으로 간 것도, 룻이 스스로 결정한 일이었습니다. 그러나 우리는 그 배후에 인간의 역사를 자신의 계획에 따라 이루시는 하나님의 인도하심과 섭리가 있음을 알아야 합니다.

잠언 16장 9절입니다.

사람이 마음으로 자기의 길을 계획할지라도 그 걸음을 인도하는 자는 여호와시니라.

인간의 사전에는 우연이라는 말이 있지만, 하나님의 사전에는 우연이라는 말이 없습니다. 인생이란 우리의 생각과 계획과 예측대로 다 되는 것이 아닙니다. 많은 경우 우리가 전혀 예상하지 못한 일들이 일어나는 것이 인생입니다. 우연이란 이렇게 미래에 어떤 일이 일어날지 알 수 없는 인간이 전혀 예상치 못한 일을 겪었을 때 사용하는 말입니다. 그러나 과거와 현재, 그리고 미래에 관하여 모든 일을 아시고 자신의 계획에 따라 역사를 주관하시고 이루어 가시는 전지전능하신 하나님에게는 우연이란 없습니다. 우리는 결코 전지전능하지 않습니다. 우리는 현재 무슨 일이 일어나고 있고 앞으로 어떤 일이 일어날지 알 수 없습니다. 그러므로 현재 우리에게 주어진 이 순간에 최선을 다해야 합니다. 그러면서 우리는 모든 것을 아시고 모든 것을 계획하신 대로 이루시는 하나님께 우리의 삶을 온전히 의탁하면서 하나님께서 우리의 삶을 인도해주시길 간구해야 합니다.

우리는 인생을 살아가면서 수많은 만남을 갖게 되는데, 그 만남 가운데 대단히 중요한 만남의 순간들이 있습니다. 먼저 부모와의 만남입니다. 부모와의 만남은 인생에서 가장 중요한 첫 번째 만남이지만 우리가 선택할 수 없는, 우리의 의지가 전혀 반영될 수 없는, 그냥 태어나면서 운명적으로 주어진 만남이라는 특징이 있습니다. 그러나 오래도록 마음을 나눌 친구와의 만남, 인생을 바른길로 이끌어 줄 스승과의 만남, 그리고 무엇보다 평생을 함께할 배우자와의 만남, 그리고 영원한 운명을 결정짓는 하나님과의 만남은 우리의 의지에 따라 선택할 수 있는 만남입니다. 그런데 이런 중요한 만남의 순간들이 단지 우리의 생각과 판단에 따라 이루어진다면, 그리고 단지 우연에 맡겨진다면 얼마나 불안하고 위험할까요? 우리는 종종 잘못된 만남 때문에 너무나 큰 대가를 치르며 후회하는 경우가 있습니다. 그러므로 우리는 이런 중요한 만남을 위해 하나님의 선하신 인도하심을 구해야 합니다. 우리가 하나님으로부터 사모해야 할 복 가운데 중요한 복이 바로 만남의 복입니다. 룻과 보아스를 우연히 만나게 하셨지만 그들의 만남을 인도하시고 그들에게 큰 복을 베푸신 하나님의 은혜가 우리의 인생에 함께하실 것입니다. 룻과 보아스처럼 만남의 복을 베풀어주실 것입니다.

RUTH

5.

하나님의 은혜는
사람을 통해 흐른다

8보아스가 롯에게 이르되 내 딸아 들으라 이삭을 주우러 다른 밭으로 가지 말며 여기서 떠나지 말고 나의 소녀들과 함께 있으라 9그들의 베는 밭을 보고 그들을 따르라 내가 그 소년들에게 명하여 너를 건드리지 말라 하였느니라 목이 마르거든 그릇에 가서 소년들의 길어 온 것을 마실지니라 10롯이 땅에 엎드려 절하며 그에게 이르되 나는 이방 여인이어늘 당신이 어찌하여 내게 은혜를 베푸시며 나를 돌아보시나이까 11보아스가 그에게 대답하여 가로되 네 남편이 죽은 후로 네가 시모에게 행한 모든 것과 네 부모와 고국을 떠나 전에 알지 못하던 백성에게로 온 일이 내게 분명히 들렸느니라 12여호와께서 네 행한 일을 보응하시기를 원하며 이스라엘의 하나님 여호와께서 그 날개 아래 보호를 받으러 온 네게 온전한 상 주시기를 원하노라 13롯이 가로되 내 주여 내가 당신께 은혜 입기를 원하나이다 나는 당신의 시녀의 하나와 같지 못하오나 당신이 이 시녀를 위로하시고 마음을 기쁘게 하는 말씀을 하셨나이다 14식사할 때에 보아스가 롯에게 이르되 이리로 와서 떡을 먹으며 네 떡 조각을 초에 찍으라 롯이 곡식 베는 자 곁에 앉으니 그가 볶은 곡식을 주매 롯이 배불리 먹고 남았더라 15롯이 이삭을 주우러 일어날 때에 보아스가 자기 소년들에게 명하여 가로되 그로 곡식 단 사이에서 줍게 하고 책망하지 말며 16또 그를 위하여 줌에서 조금씩 뽑아 버려서 그로 줍게 하고 꾸짖지 말라 하니라 룻이 누구인지 알게 된 보아스는 룻에게 다가가 말을 건넵니다. 보아스가 룻에게 처음으로 한 말은 "내 딸아, 들으라"였습니다. "내 딸아"라는 말은 룻에게 매우 익숙한 말이었습니다. 평소에 시어머니 나오미가 룻을 부를 때 쓰는 애정 어린 호칭이었기 때문입니다. 낯선 이방 여인을 향한 친근감 있는 이 호칭은 보아스와 룻의 나이 차이가 꽤 난다는 사실을 간접적으로 알려줍니다. 남의 밭에 와서 허락을 받고 이삭을 줍고 있지만, 룻의 마음은 왠지 남의 밭에서 곡식을 몰래 서리하는 기분처럼 편치가 않았습니다. 게다가 밭의 주인이 등장하자 룻의 마음은 더 긴장되고 불편했습니다. 그런데 주인이 자신을 향해 친근하게 "내 딸아"라고 불러주니 긴장된 마음이 한결 가벼워졌습니다. 룻은 이삭 줍는 것을 잠시 멈추고 최대한 공손한 자세로 보아스가 하는 말에 귀를 기울였습니다. 우리도 보아스가 하는 말을 들어볼까요? 8절과 9절을 보십시오.

⁸보아스가 룻에게 이르되 내 딸아 들으라 이삭을 주우러 다른 밭으로 가지 말며 여기서 떠나지 말고 나의 소녀들과 함께 있으라 ⁹그들의 베는 밭을 보고 그들을 따르라 내가 그 소년들에게 명하여 너를 건드리지 말라 하였느니라 목이 마르거든 그릇에 가서 소년들의 길어 온 것을 마실지니라.

보아스는 룻에게 앞으로 자신의 밭에 머물며 이삭을 줍고 밭에서 일하는 소녀들과 함께 있으라고 했습니다. 보아스가 말하는 "나의 소녀들"은 추수꾼들이 보리를 베면 단으로 묶는 하녀들을 가리키는 것입니다. 여기에서 잠시 이삭을 줍는 과정을 설명해보겠습니다. 먼저 추수꾼들이 낫으로 보리를 벱니다. 그러면 하녀들이 보리를 단으로 묶습니다. 그리고 단으로 묶는 과정에서 떨어진 이삭을 가난한 과부나 고아, 거류민들이 줍습니다. 이 과정에서 이삭을 줍는 사람들은 어쩔 수 없이 추수꾼들과 단을 묶는 하녀들의 눈치를 볼 수밖에 없습니다. 일하는 데 방해가 된다며 이삭 줍는 사람들에게 짜증을 부리는 추수꾼들도 있었고 거지처럼 대하며 무시하는 하녀들도 있었습니다. 특히, 남편이 없는 젊은 과부들은 종종 거친 남자들에게 성폭력의 대상이 되기도 했습니다. 더구나 이방 여인들은 경멸의 대상이었기 때문에 룻은 짐승 같은 남자들의 표적이 되기 쉬웠습니다.

이런 사정을 잘 아는 보아스는 자기 밭에서 일하는 젊은 남자 품꾼들에게 룻을 건드리지 못하도록 단단히 일러두었다고 말합니다.

그리고 룻에게 이삭을 줍다 목이 마르면 언제든지 일꾼들이 길어 온 물을 마셔도 좋다고 말합니다. 룻은 보아스의 말을 들으며 자신의 귀를 의심했습니다. 이 말대로라면, 룻은 이제 날마다 어느 밭에 가서 이삭을 주어야 할지 고민하지 않아도 됩니다. 성폭력의 두려움과 불안에서 해방되어 안심하고 이삭을 주울 수도 있습니다. 그 순간 룻은 자신에게 과분한 친절과 배려를 해준 보아스를 향해 엎드려 얼굴을 땅에 대고 절했습니다. 그리고 이렇게 말했습니다.

나는 이방 여인이어늘 당신이 어찌하여 내게 은혜를 베푸시며 나를 돌아보시나이까.

룻에게 보아스의 친절과 배려는 정말 감사한 일이었지만, 룻은 한낱 이방 여인에 불과한 자신에게 이토록 은혜를 베풀고 돌봐주는 이유가 무척 궁금했습니다. 여기에서 잠시 우리가 기억해야 할 사실이 하나 있습니다. 이때까지만 해도 룻은 보아스의 정체를 전혀 모르고 있었습니다. 나중에 살펴보겠지만, 룻은 그날 집에 돌아가서 나오미를 통해 보아스가 누구인지 알게 됩니다. 룻의 말을 듣고 보아스가 한 말을 들어보겠습니다. 11절과 12절입니다.

11보아스가 그에게 대답하여 가로되 네 남편이 죽은 후로 네가 시모에게 행한 모든 것과 네 부모와 고국을 떠나 전에 알지 못하던 백성에게로 온 일이 내게 분명히 들렸느니라 12여호와께서 네 행한 일을 보응하시기를 원하며 이스라엘의 하나님 여호와께서 그 날개 아래 보호를 받으러 온 네게 온전한 상 주시기를 원하노라.

보아스의 답변을 통해 우리는 보아스가 나오미와 룻에 관한 집안 이야기를 이미 다 알고 있었다는 사실을 알게 됩니다. 그런데 나오미와 룻에 관한 이야기는 보아스뿐 아니라 베들레헴 사람이라면 누구나 다 아는 사실이었습니다. 10년 만에 남편과 두 아들을 잃고 빈털터리가 되어 모압 여인인 젊은 과부 며느리와 돌아온 나오미의 이야기는 나오미가 베들레헴에 돌아온 날 저녁, 헤드라인 뉴스였습니다. 더군다나 나오미의 남편 엘리멜렉과 가까운 친척이었던 보아스에게 나오미의 귀환 소식은 남의 이야기가 아니었습니다.

보아스는 아직 자신이 죽은 엘리멜렉과 친척이라는 사실을 룻에게 말하지 않았습니다. 보아스는 모압 여인이었던 룻이 남편과 사별했는데도 시어머니를 모시고 부모와 고국을 떠나 이스라엘 땅으로 온 것이 결코 쉬운 일이 아니란 것을 누구보다 잘 알고 있었습니다. 왜냐하면 보아스의 어머니인 라합 역시 이방 여인으로서 자신의 민족인 여리고를 버리고 이스라엘 백성으로 귀화했기 때문입니다. 누가 보아도 룻의 행동은 칭찬받을 일이었습니다. 보아스도 룻의 행동을 좋게 여겼지만 룻을 직접 만나지 못했기에 생각만 하고 있었습니다. 그런데 우연히 자기 밭에서 이삭을 줍고 있던 소녀가 바로 룻이란 것을 알게 된 것입니다. 보아스는 룻을 진심으로 환대해주고 싶었습니다. 룻이 모압과 모압의 신들을 버리고 나오미를 따라 이스라엘 백성과 이스라엘 백성의 하나님이신 여호와의 날개 아래로 보호를 받기 위해 들어온 것에 대해 여호와께서 보답해주시고 충분히 보상해주시기를 빌었습니다. 룻은 자신의 처지를 이해해주고 진심으로 따뜻한 위로와 축복을 해주는 보아스의 말을 들으면서 가슴이 벅차올랐습니다. 룻이 보아스에게 한 말을 읽어보겠습니다. 13절입니다.

> 룻이 가로되 내 주여 내가 당신께 은혜 입기를 원하나이다 나는 당신의 시녀의 하나와 같지 못하오나 당신이 이 시녀를 위로하시고 마음을 기쁘게 하는 말씀을 하셨나이다.

룻은 보아스를 "내 주여"라고 부르면서 그에게 은혜 입기를 원한다고 고백합니다. 그러면서 자신은 보아스의 하녀 중 하나만도 못한데 하녀 같은 자신을 위로해주시고 마음에 기쁨이 되는 말씀을 해주신 것에 감사의 마음을 전했습니다. 룻이 하는 말을 들어보면 그녀가 매우 겸손하며 보아스에게 진심에서 우러나오는 존경과 감사를 표현한 걸 알 수 있습니다. 보아스와 룻이 대화를 나누는 동안 어느새 점심 식사 시간이 되었습니다. 하녀들이 농막에 정성스레 식사를 준비하자 보아스가 들어가 자리를 잡고 오전 내내 추수하느라 수고한 추수꾼들이 하나둘씩 땀을 닦으며 둘러앉았습니다. 미처 점심 도시락을 준비해오지 못한 룻은 끼니를 걸러야 할 판이었습니다. 이때 보아스가 룻을 불렀습니다. 14절입니다.

> 식사할 때에 보아스가 룻에게 이르되 이리로 와서 떡을 먹으며 네 떡 조각을 초에 찍으라 룻이 곡식 베는 자 곁에 앉으니 그가 볶은 곡식을 주매 룻이 배불리 먹고 남았더라.

보아스는 룻을 불러 함께 점심 식사를 하도록 배려해주었습니다. 룻은 빵조각을 식초에 찍어 먹기도 하고 보아스가 준 볶은 곡식도 먹었는데 배불리 먹고도 음식이 남을 정도였습니다. 그러나 룻은 점심 식사를 하는 내내 집에서 굶고 있을 시어머니 나오미 생각에 음식이 잘 넘어가지 않았습니다. 식사를 마치고 잠시 쉬는 동안, 룻은 자기가 주운 이삭으로 시어머니의 저녁 식사를 맛있게 차려드리는 상상을 했습니다. 오후 추수 시간이 되자 추수꾼들이 밭으로 나가고 룻도 이삭을 주우러 일어났습니다. 이때 보아스가 품꾼들을 불러 이렇게 명령했습니다. 15절과 16절에 보아스가 한 말만 보겠습니다.

> 그로 곡식 단 사이에서 줍게 하고 책망하지 말며 또 그를 위하여 줌에서 조금씩 뽑아 버려서 그로 줍게 하고 꾸짖지 말라.

이게 무슨 말입니까? 룻이 이삭을 줍는 걸 책망하거나 꾸짖지 말고 일부러 곡식 다발을 조금씩 뽑아 흘려서 룻이 이삭을 많이 줍도록 하라는 것입니다. 다시 한 번 세심하게 룻을 배려하는 보아스의 따뜻한 마음을 엿볼 수 있습니다. 평소 주인 보아스의 인격과 성품을 잘 아는 추수꾼들은 룻에게 친절을 베푸는 보아스의 행동이 전혀 낯설거나 이상하지 않았을 것입니다. 이제 가난하고 불쌍한 룻은 보아스의 친절과 배려로 보아스의 밭에서 이삭을 주우며 끼니 문제를 해결할 수 있게 되었습니다.

오늘 본문에 등장하는 보아스라는 인물, 정말 멋지지 않습니까? 저는 신학생 시절 룻기를 읽다가 보아스의 인격과 성품에 매료되어 이메일 ID에 '보아스'Boaz라는 영문을 넣어 지금까지 사용해오고 있습니다. 룻기에서 보아스라는 인물은 나오미와 룻의 텅 빈 인생을 풍족하게 채워주는 희망의 회복자이자 구원자의 모습으로 등장합니다. 그런 면에서 보아스는 은혜가 풍성하신 하나님의 이미지를 잘 대변해주는 인물입니다. 그런데 이것은 단지 겉으로 보이는 이미지에 불과한 것이 결코 아닙니다. 실제로 하나님께서는 보아스라는 인물을 통해 모압과 모압의 신들을 버리고 이스라엘과 이스라엘의 하나님 여호와를 선택한 룻에게 풍성한 은혜를 베푸십니다. 다시 말해 보아스는 룻과 나오미에게 실제로 하나님의 은혜를 전달하고 공급하는 '은혜의 통로'로 사용되고 있는 것입니다. 이렇게 하나님께서는 사람을 통해 우리에게 은혜를 베푸십니다. 그런데 우리는 하나님의 은혜가 하나님으로부터 우리에게 직접 주어진다고만 생각하는 경향이 있습니다. 물론 하나님의 은혜가 우리에게 직접 주어지는 경우도 있습니다. 말씀을 묵상하고 기도할 때, 하나님께서는 말씀을 깨닫게 하시고 하나님의 내적 음성을 듣게 하심으로 은혜를 직접 베푸시기도 합니다. 그러나 많은 경우에 하나님께서는 사람을 통해 은혜를 베푸십니다.

오늘 본문에는 은혜라는 단어가 10절과 13절에 두 번 등장합니다. 두 번 다 룻이 보아스를 향해서 사용한 말입니다. 10절입니다. "나는 이방 여인이어늘 당신이 어찌하여 내게 은혜를 베푸시며 나를 돌아보시나이까." 13절에서는, "룻이 가로되 내 주여 내가 당신께 은혜 입기를 원하나이다"라고 했는데, 여기에서 "내 주"는 여호와 하나님이 아니라 보아스를 가리키는 것입니다. 룻은 보아스가 자신에게 은혜를 베풀었다고 했고 보아스에게 은혜 입기를 원한다고 했습니다. 그러나 룻이 보아스에게 받은 은혜는, 엄밀히 말하면 하나님께서 보아스라는 사람을 통해 룻에게 베푸신 하나님의 은혜였던 것입니다.

하나님께서 사람을 통해 베푸신 은혜의 대표적인 사례는 부모님의 은혜입니다. 어제가 5월 8일 어버이날이었고 오늘이 어버이 주일입니다. 우리가 부모님으로부터 받은 은혜가 얼마나 큽니까? 우리가 이 세상에 태어나서 자랄 때까지 우리를 먹이시고 입히시고 기르시며 한결같이 우리를 위해 희생하며 사랑해주신 부모님의 은혜, 정말 '어메이징 그레이스'Amazing grace입니다. 그런데 이 부모님의 은혜도 사실은 부모님을 통해 우리에게 전달된 하나님의 은혜입니다. 5월 15일은 스승의 날입니다. 부모님만큼이나 소중한 스승의 은혜도 마찬가지입니다. 우리에게 인생의 소중한 교훈을 일깨워주는 스승의 은혜도 사람을 통해 전해지는 하나님의 은혜라고 말할 수 있습니다. 저를 구원해주신 분은 하나님의 아들 예수 그리스도이십니다! 그런데 그 구원의 은혜를 받을 수 있도록 저에게 복음을 전해주신 분은 초등학교 5학년 때 저를 가르쳐주신 담임 선생님이셨습니다. 하나님께서는 담임 선생님을 통해 저에게 은혜를 베풀어주신 것입니다. 여러분도 누군가를 통해 구원의 은혜를 받았을 것입니다. 그러므로 우리는 은혜의 근원이 되시며 날마다 은혜를 베풀어주시는 하나님께 감사해야 함과 동시에, 우리에게 하나님의 은혜를 전달해주신 부모님과 스승과 같은 사람들에게도 감사하는 마음을 가져야 합니다. 어제 어버이날에 부모님께 진정으로 감사하셨습니까? 은혜를 모르면 짐승만도 못하다고 했습니다. 짐승도 자기를 예뻐하면 압니다. 그래서 은혜를 갚으려고 자신의 생명을 주인을 위해 희생하기도 합니다. 우리는 은혜에 감사할 줄 알아야 합니다. 단지 은혜를 받기만 기대할 것이 아니라 보아스처럼 우리 자신을 통해 하나님의 은혜가 다른 사람에게 흘러가도록 은혜의 통로가 되는 인생을 살도록 사모해야 합니다.

은혜의 통로로 살아가는 삶은 그렇게 어려운 것이 아닙니다. 보아스처럼 우리의 이웃에게 진심 어린 마음으로 친절과 배려를 베풀고, 따뜻한 위로의 말로 마음에 기쁨을 주고, 우리가 가진 것의 일부를 아낌없이 나누는 삶, 그것을 실천하며 사는 것이 은혜의 통로가 되는 삶입니다. 우리의 인격과 성품이 보아스처럼 하나님을 닮아 더 성숙해질수록 하나님께서는 우리를 통해 더 많은 은혜를 다른 사람들에게 흘려보내실 것입니다. 보아스를 보십시오. 그의 모습 속에서 하나님의 인자하시고 자비로운 모습이 보이지 않습니까? 그래서 하나님께서는 하나님을 닮은 보아스를 통해 텅 빈 룻과 나오미의 인생에 은혜를 계속해서 채우십니다. 룻기는 하나님께서 보아스를 통해 룻과 나오미에게 은혜를 채우시는 이야기입니다. 우리의 인격이 모나고 성품이 좋지 않으면 은혜가 흘러가지 못하고 막혀 버립니다. 무엇보다 우리 안에 하나님의 은혜가 충만해질 때, 그 은혜가 흘러넘쳐 우리의 말과 행실을 통해 이웃에게로 전달될 것입니다. 그러나 우리 안에 은혜가 고갈되어 버리면, 다른 사람에게 은혜를 흘려보내고 싶어도 흘려보낼 수 없습니다. 먼저 내 심령 가운데 은혜를 가득 채우는 일이 선행되어야 합니다. 그래야 비로소 은혜를 흘려보낼 수 있습니다. 한 사람이 은혜를 충만히 받는 것은 그 한 사람만을 위한 것이 아닙니다. 한 사람이 은혜를 충만히 받게 될 때, 주변 사람에게도 은혜가 흘러가게 되어 여러 사람에게 유익이 됩니다. 하나님의 은혜를 충만히 받으셨습니까? 보아스처럼 하나님의 은혜를 충만히 받고 하나님의 인격과 성품을 닮아서 다른 사람에게 은혜를 흘려보내는 은혜의 통로가 되어야 합니다.

6.

하나님은 자기 백성을
먹이신다

¹⁷룻이 밭에서 저녁까지 줍고 그 주운 것을 떠니 보리가 한 에바쯤 되는지라 ¹⁸그
것을 가지고 성읍에 들어가서 시모에게 그 주운 것을 보이고 그 배불리 먹고 남긴
것을 내어 시모에게 드리매 ¹⁹시모가 그에게 이르되 오늘 어디서 주웠느냐 어디
서 일을 하였느냐 너를 돌아본 자에게 복이 있기를 원하노라 룻이 누구에게서 일
한 것을 시모에게 알게 하여 가로되 오늘 일하게 한 사람의 이름은 보아스니이다
²⁰나오미가 자부에게 이르되 여호와의 복이 그에게 있기를 원하노라 그가 생존한
자와 사망한 자에게 은혜 베풀기를 그치지 아니하도다 나오미가 또 그에게 이르
되 그 사람은 우리의 근족이니 우리 기업을 무를 자 중 하나이니라 ²¹모압 여인 룻
이 가로되 그가 내게 또 이르기를 내 추수를 다 마치기까지 너는 내 소년들에게 가
까이 있으라 하더이다 ²²나오미가 자부 룻에게 이르되 내 딸아 너는 그 소녀들과
함께 나가고 다른 밭에서 사람을 만나지 아니하는 것이 좋으니라 ²³이에 룻이 보
아스의 소녀들에게 가까이 있어서 보리 추수와 밀 추수를 마치기까지 이삭을 주
우며 그 시모와 함께 거하니라

보아스의 배려로 룻은 오후 내내 이삭을 많이 주울 수 있었습니다. 저녁이 되어 하루 동안 주운 이삭을 떨어보니 보리가 한 에바쯤 되었습니다. '에바'는 본래 '바구니'라는 뜻인데, 바구니에 넣을 곡식의 양을 측정하는 단위로 쓰였습니다. 1에바는 약 22리터에 해당합니다. 생수 페트병 하나가 2리터니까 거기에 보리를 가득 담은 게 11개 있다고 생각하시면 될 것 같습니다. 이 정도 양이면 두 사람이 보름 정도는 충분히 먹을 수 있는 양입니다. 고대 이스라엘에서는 보통 아침과 저녁, 두 끼를 먹었습니다. 힘든 노동을 하는 일꾼들에게는 한낮에 점심 식사가 제공되기도 했습니다. 하루 동안 한 사람이 한 달간 먹을 수 있는 양의 이삭을 주운 것은 굉장히 많이 주운 것입니다. 당시 문화에서는 가난한 사람이 하루에 이렇게 많은 이삭을 주울 수 없었습니다. 만일 이렇게 많이 주울 정도로 이삭을 흘렸다면 그 추수꾼들은 품삯도 받지 못하고 당장 쫓겨났을 것입니다. 그러므로 이것은 어디까지나 보아스가 룻이 이삭을 많이 줍도록 추수꾼들에게 일부러 이삭을 많이 흘리라고 했기 때문에 가능했던 것입니다.

보리 한 에바와 점심으로 먹고 남은 볶은 곡식까지 제법 무게가
나갔지만, 룻은 집에 계신 시어머니 나오미에게 저녁밥을 지어드릴
생각을 하니 밭에서 베들레헴 성읍까지 오는 동안 저절로 기운이 났
습니다. 해가 저물어서야 집에 도착한 룻을 맞이한 나오미는 종일 이
삭을 줍느라 지친 며느리를 보며 수고했다며 어깨와 등을 다독여주
었습니다. 집 안으로 들어가자마자 룻은 짐을 풀어 온종일 주운 보리
와 볶은 곡식을 시어머니에게 보여드렸습니다. 나오미는 많은 양의
보리와 곡식을 보면서 놀란 표정을 지으며 눈이 휘둥그레졌습니다.
나오미는 룻에게 "애야, 오늘 어디서 이삭을 주웠느냐? 어느 밭에서
일하였느냐?"라고 물어보면서 "너에게 이토록 잘해 주신 분에게 주께
서 복을 내려주시길 빈다"라고 말했습니다. 룻은 시어머니에게 오늘
일한 밭의 주인이 "보아스"라는 사실을 알려주었습니다. "보아스"라
는 이름을 듣자 나오미는 깜짝 놀랐습니다. 나오미가 하는 말을 들어
보겠습니다. 20절입니다.

나오미가 자부에게 이르되 여호와의 복이 그에게 있기를 원하노라 그가
생존한 자와 사망한 자에게 은혜 베풀기를 그치지 아니하도다 나오미가
또 그에게 이르되 그 사람은 우리의 근족이니 우리 기업을 무를 자 중 하나
이니라.

나오미는 여호와께서 보아스에게 복을 내려주시길 빈다고 하면서 보아스가 죽은 남편과 아들들에게도 은혜를 베풀더니 살아 있는 우리에게도 은혜를 베푼다며 며느리 룻에게 말해주었습니다. 그리고 보아스가 우리와 가까운 친척으로서 우리의 기업을 무를 자 중의 한 사람이라는 사실도 알려주었습니다.

여기에서 "기업을 무를 자"라는 말의 의미가 무엇인지 잠시 설명해드리겠습니다. "기업을 무를 자"란 히브리어로 "고엘"이라고 합니다. 이 고엘의 의미는 "무르다", "되찾다", "구속하다"입니다. 고대 이스라엘 사회에서는 "고엘" 제도가 있었는데, 이는 하나님께로부터 분배받은 기업을 영구히 보존하고 혈족의 대를 잇고 혈족이 부당한 피해를 당했을 경우 이것을 보상하기 위하여 마련된 제도적 장치입니다. 고엘이라 불리는 기업을 무를 자는 가난한 혈족의 잃어버린 기업인 땅을 도로 사주어야 할 의무가 있었고, 부당한 피해를 당한 친족을 위해 복수할 책임이 있었으며, 죽은 친족의 미망인과 결혼하여 대를 이어 주어야 할 책임도 있었습니다. 나오미의 말에 따르면 보아스가 죽은 엘리멜렉의 친족으로서 기업을 무를 자 가운데 한 사람이라는 것입니다. 보아스가 기업을 무를 자라는 사실은 그가 나오미와 룻의 인생의 문제를 결정적으로 해결해줄 키맨keyman이라는 의미입니다. 우리는 앞으로 3장과 4장에서 기업을 무를 자로서 보아스의 멋진 활약을 지켜보게 될 것입니다.

나오미의 말을 들은 룻도 보아스가 집안에 가까운 친족이라는 사실을 알고 매우 놀랐습니다. 그리고 친족 가운데 이렇게 인정 많고 마음이 따뜻한 어른이 있다는 사실과 그런 친족의 밭에서 앞으로 계속 이삭을 주울 수 있다는 것이 그저 기쁘고 감사하기만 했습니다. 룻은 나오미에게 낮에 보아스가 "추수를 다 마칠 때까지 내 추수꾼들을 가까이 따라 다니라"라고 한 말도 알려주었습니다. 나오미는 보아스의 배려가 고마우면서도 룻이 우연히 찾아간 밭이 친족 보아스의 밭이었다는 사실이 단지 우연만은 아닐 것 같다는 예감이 들었습니다. 그래서 나오미는 며느리 룻에게 "내 딸아, 너는 앞으로 그의 여종들과 함께 다니고, 다른 밭에서 남자들을 만나지 않는 것이 좋겠다"라고 신신당부를 했습니다. 룻은 나오미의 말에 고개를 끄덕였습니다. 그날 저녁 룻은 주워 온 보리로 밥을 지어 시어머니 나오미의 저녁상을 차려드렸습니다. 나오미는 며느리가 정성스레 차려준 저녁을 들며 모처럼 허기진 배를 채웠습니다. 그렇게 룻은 보리 추수와 밀 추수가 끝날 때까지 보아스의 밭에서 이삭을 주우며 끼니 걱정 없이 시어머니와 함께 살았습니다.

지난 시간과 오늘 이야기를 통해 우리는 하나님이 자기 백성을 먹이시며 필요를 채우시는 분이라는 사실을 확인하게 됩니다. 10년 만에 남편과 두 아들을 잃고 재산마저 탕진한 채 며느리와 단둘이 베들레헴으로 돌아온 나오미의 인생은 한없이 처량하기만 했습니다.

풍년이 들어 고향 사람들은 먹을 것이 풍족했지만, 역설적이게도 정작 나오미와 룻은 일용할 양식마저 없었습니다. 그러나 우리는 지난 시간과 오늘 이야기를 통해 여호와 하나님께서 나오미와 룻을 굶기지 아니하시고 오히려 보아스라는 인물을 통해 배불리 먹이시는 것 보았습니다. 룻기뿐 아니라 성경 전체를 통해 우리에게 확인시켜 주는 한 가지 사실은 하나님은 자기 백성을 돌보시며 필요한 양식으로 먹이시는 분이라는 것입니다. 우리는 자기 백성을 먹이시는 하나님의 모습을 이스라엘 백성의 40년 광야 생활에서 확인할 수 있습니다. 하나님께서는 40년 동안 자기 백성을 날마다 만나와 메추라기로 먹이셨습니다. 예수님께서도 산상보훈에서 이렇게 말씀하셨습니다.

25 그러므로 내가 너희에게 이르노니 목숨을 위하여 무엇을 먹을까 무엇을 마실까 몸을 위하여 무엇을 입을까 염려하지 말라 목숨이 음식보다 중하지 아니하며 몸이 의복보다 중하지 아니하냐 26 공중의 새를 보라 심지도 않고 거두지도 않고 창고에 모아 들이지도 아니하되 너희 천부께서 기르시나니 너희는 이것들보다 귀하지 아니하냐(마 6:25-26).

30 오늘 있다가 내일 아궁이에 던지우는 들풀도 하나님이 이렇게 입히시거든 하물며 너희일까보냐 믿음이 적은 자들아 31 그러므로 염려하여 이르기를 무엇을 먹을까 무엇을 마실까 무엇을 입을까 하지 말라 32 이는 다 이방

인들이 구하는 것이라 너희 천부께서 이 모든 것이 너희에게 있어야 할 줄을 아시느니라(마 6:30-32).

우리는 예수님의 말씀처럼 하나님께서 우리의 아버지이시며 우리가 하나님의 자녀라면 최소한 이 땅에서 먹고사는 문제는 반드시 해결해주실 것을 믿어야 합니다. 그렇다고 아무 일도 안 하고 가만히 누워 있어도 까마귀가 먹을 것을 날라다 준다는 것은 아닙니다. 우리가 룻기의 이야기를 보면서 깨닫는 교훈은, 하나님 아버지께서 자기 백성을 돌보시고 먹을 것을 채워주시지만 우리도 해야 할 일이 있다는 것입니다.

오늘 본문에서 룻과 나오미의 모습을 보면서 우리가 실천해야 할 세 가지를 말씀드리려고 합니다.

첫째, 부지런히 일해야 합니다.

룻기에서 나오미와 룻이 먹을 양식을 풍족하게 얻을 수 있었던 것은 하나님께서 보아스를 통해 은혜를 베푸셨기 때문입니다. 그러나 룻이 아무 일도 안 하고 가만히 있었던 것이 아닙니다. 룻은 매일 보아스의 밭에 나가서 이른 아침부터 저녁까지 부지런히 이삭을 주우며 일했습니다. 성경은 게으름을 용납하지 않습니다. 잠언에는 게으름을 경고하는 말이 많습니다. 잠언 6장 6절에서는 "게으른 자여 개미에게로 가서 그 하는 것을 보고 지혜를 얻으라"라고 했습니다. 잠언 13장 4절에서는 "게으른 자는 마음으로 원하여도 얻지 못하나 부지런한 자의 마음은 풍족함을 얻느니라"라고 했습니다. 사도 바울은 데살로니가후서 3장 10절에서 "누구든지 일하기 싫어하거든 먹지도 말게 하라"라고 했습니다. 연세가 많으신 어르신들이나 몸이 불편하거나 아프신 분들을 제외하고는 부지런히 일해야 합니다.

그리스도인은 직장에서 열심히 부지런히 일한다고 인정받아야 합니다. 그러나 열심히 일하지 않고 시간만 때우고 요령만 피운다고 소문이 나게 되면, 일자리가 위태롭게 될 것입니다. 사도 바울은 골로새서 3장 22절에서 크리스천 종들에게 일하는 자세에 대해서 이렇게 권면합니다. "종들아 모든 일에 육신의 상전들에게 순종하되 사람을 기쁘게 하는 자와 같이 눈가림만 하지 말고 오직 주를 두려워하여 성실한 마음으로 하라." 룻이 부지런히 일할 때 하나님께서 먹을 것을 풍족하게 채워주셨던 것처럼 우리가 부지런히 일할 때 하나님께서 우리의 필요를 풍성하게 채워주실 것입니다.

둘째, 감사해야 합니다.

룻은 밭에서 이삭을 주울 수 있도록 과분한 친절과 배려를 해준 보아스에게 진심으로 감사한 마음을 가졌습니다. 우리는 우리에게 일할 수 있는 기회를 제공해주고 일한 것에 대해 대가를 지불해주는 사람들에게 감사하는 마음을 가져야 합니다. 물론 경영자도 회사와 직장을 위해 열심히 일해 준 직원들에게 고마운 마음을 가져야 합니다. 그런데 오늘날 현대의 노사관계는 갈수록 인정이 메말라가는 것 같습니다. 직원들에게 애사심을 좀처럼 찾아볼 수 없습니다. 직원도 경영자도 돈밖에 모릅니다. 노조는 어떻게든 일한 것보다 더 받으려 하고, 회사는 어떻게든 주는 것 이상으로 일을 시키려고 합니다. 노사 간에 계속되는 줄다리기로 인하여 싸움이 끊이지를 않습니다. 노사가 싸우려고 하면 회사는 망합니다. 그러나 노사가 서로 감사하는 마음을 가지면 관계도 좋아지고 팀워크도 좋아져서 회사가 흥하게 될 것입니다.

셋째, 축복하며 기도해야 합니다.

오늘 본문에서 나오미는 룻이 밭에서 이삭을 주워 왔을 때 그 밭의 주인을 위해 두 번씩이나 여호와께 복을 빌었습니다. 우리는 나오미처럼 우리가 일하는 직장과 회사를 위해서 복을 빌어야 합니다. 직장이 잘돼야 우리가 계속 일을 할 수가 있습니다. 직장이 망하면 우리도 일자리를 잃게 됩니다. 회사에서 내 월급을 인상해달라고, 진급을 시켜달라고 기도만 하지 말고, 회사를 위해 열심히 일하면서 회사가 잘되기를 날마다 기도해야 합니다. 우리가 열심히 일해서, 우리의 축복 기도로 인해서, 하나님께서 우리의 직장에 복을 베풀어주시도록 해야 합니다. 그리스도인은 일터에서 요셉 같은 사람이 되어야 합니다. 요셉은 자기 주인을 위해 성실하게 일했습니다. 그리고 주인이 요셉으로 인해서 여호와의 복을 받아 범사가 잘되게 했습니다. 회사가 잘되면 그만큼 우리의 필요도 풍성하게 채워지게 될 것입니다.

여호와 하나님께서는 하나님의 품으로 돌아온 자기 백성 나오미와 룻을 절대 굶기지 않으셨습니다. 오히려 그들을 배불리 먹이셨습니다. 하나님은 이렇게 자기 백성을 먹이시는 하나님이십니다. 고대 사회에서는 먹는 문제가 가장 중요한 문제였습니다. 먹는 문제만 해결되어도 감사할 줄 알았습니다. 우리나라도 6.25 전쟁 이후에 가난했던 시절이 있었습니다. 먹을 것조차 구하기 어려웠던 보릿고개 시절도 있었습니다. 그때는 하나님께 주기도문처럼 일용할 양식을 구하는 기도를 간절하게 했습니다. 하나님은 우리의 기도에 응답하셔서 지금은 옛날처럼 우리 사회에 굶어 죽는 사람은 없습니다. 1인당 GNP국민총생산도 3만 달러를 훨씬 넘어섰고 복지도 잘 되어서 일을 못 해도 기초생활수급자에게 국가가 최저생계비도 지원해주고 있습니다. 이 모든 것이 우리를 먹이시는 하나님의 은혜이자 축복입니다. 그러나 우리는 어느새 욕심만 더 커져서 작은 것에 감사할 줄 모르고 늘 불만족하며 살아가고 있습니다. 우리는 룻기의 이야기를 보면서 우리가 어렵고 힘들었던 시절을 떠올려야 합니다. 우리에게 일용할 양식 이상으로 먹이시며 우리의 필요를 채워주시는 하나님에게 작은 것에도 감사하는 마음을 회복해야 합니다. 이렇게 우리가 감사를 회복할 때 하나님께서는 우리의 삶에 더 풍성한 복을 채워주실 것입니다.

RUTH

7.

믿음으로 소망의 문을 두드리라

1롯의 시모 나오미가 그에게 이르되 내 딸아 내가 너를 위하여 안식할 곳을 구하여 너로 복되게 하여야 하지 않겠느냐 2네가 함께하던 시녀들을 둔 보아스는 우리의 친족이 아니냐 그가 오늘 밤에 타작마당에서 보리를 까불리라 3그런즉 너는 목욕하고 기름을 바르고 의복을 입고 타작마당에 내려가서 그 사람이 먹고 마시기를 다하기까지는 그에게 보이지 말고 4그가 누울 때에 너는 그 눕는 곳을 알았다가 들어가서 그 발치 이불을 들고 거기 누우라 그가 너의 할 일을 네게 고하리라 5롯이 시모에게 이르되 어머니의 말씀대로 내가 다 행하리이다 하니라 6그가 타작마당으로 내려가서 시모의 명대로 다 하니라 7보아스가 먹고 마시고 마음이 즐거워서 가서 노적가리 곁에 눕는지라 롯이 가만히 가서 그 발치 이불을 들고 거기 누웠더라 본문을 들어가기 전에 잠시 3장의 시간적인 배경을 살펴보겠습니다. 2장 23절에서 룻이 보리 추수와 밀 추수를 마치기까지 보아스의 밭에서 이삭을 주었다는 내용이 나왔습니다. 유대 사회에서는 4월경에 보리 추수를 시작하고 5월 중순경에 밀 추수를 시작합니다. 보리 추수를 시작할 때 지키는 절기가 초실절이고 밀 추수를 시작할 때 지키는 절기가 맥추절입니다. 초실절로부터 7주가 지나 50일째 지킨다고 해서 맥추절을 칠칠절 또는 오순절이라고도 합니다. 보리 추수와 밀 추수를 모두 마치는 시기는 6월경이 될 것입니다. 이때는 그동안 추수한 것들을 타작마당에서 까불리는 시기이기 때문에 룻은 더 이상 이삭을 줍지 않고 집에서 쉬었습니다.

　　나오미는 며느리 룻이 두 달 넘게 날마다 이른 아침부터 늦은 저녁까지 이삭을 줍느라 고생하며 피부가 검게 그을린 것을 보니 마음이 몹시 아팠습니다. 나오미는 며느리 룻이 친정인 모압을 떠나 자기를 따라 이스라엘 땅 베들레헴으로 왔는데 고생만 하는 것을 더 이상 지켜볼 수가 없었습니다. 모압에 남았던 둘째 며느리 오르바는 지금쯤 새 가정을 이루어 행복하게 살 것을 생각하니 어서 룻의 남편감을 찾아 안락한 가정을 이루도록 해주어야겠다는 생각이 절실해졌습니다. 아무리 생각해봐도 이 문제를 해결하는 길은 오직 하나밖에 없었습니다. 그것은 보아스가 기업 무를 자의 역할을 해주어 룻과 결혼을 하는 것이었습니다. 나오미는 룻이 우연히 친족인 보아스의 밭에서 이삭을 줍게 된 것과 기업을 무를 자 중 한 사람인 보아스가 룻에게 과분한 호의를 베푸는 것을 보면서 이 두 사람의 만남이 결코 우연이 아님을 직감했습니다. 분명코 하나님의 섭리적인 인도하심이 있으셨을 것이라는 믿음을 갖게 되었습니다. 그때부터 나오미는 가만히 있을 수 없었습니다. 어떻게 하면 룻과 보아스를 확실히 맺어줄 수 있을까 고민하기 시작했습니다. 나오미는 보아스가 룻에게 좋은 감정이 있다는 사실을 알았습니다. 그러나 나오미는 보아스가 점잖은 사람이고 룻보다 나이가 훨씬 많다는 것과 무엇보다 그가 기업 무를 자의 첫 번째 순위가 아니란 것 때문에 룻에게 소극적인 자세를 취할 수밖에 없다는 사실도 알았습니다. 나오미는 이럴 땐 오히려 여자 쪽에서 먼저 적극적으로 남자에게 다가가는 길밖에 없다고 생각했습니다. 그래서 나오미는 보아스의 마음을 움직일 기회를 찾기 위해 나름대로 치밀하게 계획을 세웠습니다. 계획이 세워진 후 나오미는 실행에 앞서 룻을 조용히 불러 자신의 마음과 생각을 털어놓았습니다. 나오미의 말을 잠시 들어보겠습니다. 1절과 2절입니다.

> [1] 룻의 시모 나오미가 그에게 이르되 내 딸아 내가 너를 위하여 안식할 곳
> 을 구하여 너로 복되게 하여야 하지 않겠느냐 [2] 네가 함께하던 시녀들을
> 둔 보아스는 우리의 친족이 아니냐 그가 오늘 밤에 타작마당에서 보리를
> 까불리라.

나오미는 친딸처럼 사랑하는 며느리 룻에게 행복한 안식처가 될
새 신랑감을 구해주겠다고 말합니다. 그 상대는 다름 아닌 친족이자
기업을 무를 자 중 한 사람인 보아스입니다. 그리고 보아스와 부부의
인연을 맺을 수 있는 절호의 기회가 바로 오늘 밤, 보아스가 타작마
당에서 보리를 까불릴 때라고 말합니다.

이쯤에서 왜 나오미가 룻이 보아스에게 접근할 시점을 오늘 밤,
보리를 까불릴 때로 정했는지 이해하기 위해 고대 유대 사회의 타작
문화를 알아보겠습니다. 당시 유대 사회에서는 추수한 보릿단을 타
작마당에 펴놓은 후 도리깨로 골고루 조심스럽게 두들겨 보리의 낟
알을 떨어지게 했습니다. 그리고 낟알에 섞인 지푸라기나 보리 수염
등을 없애기 위해 그것을 바람에 까불리는 작업을 했습니다. 우선 타
작마당에 떨어진 곡식 낟알을 대충 주워 모아 공중에 던져서 까불리
면 바람에 의해 지푸라기나 보리 수염은 날아가고 곡식 낟알만 타작

마당에 떨어집니다. 이 작업을 하려면 반드시 바람이 불어주어야만 했습니다. 그런데 보리타작을 할 시기인 6월경이 되면 팔레스타인 지방의 여름은 기후상 낮에는 바람이 별로 없고 주로 오후 5시 이후에 지중해 서쪽에서 바람이 불어왔습니다. 그래서 바로 이때 저녁부터 타작을 했던 것입니다. 저녁 내내 타작을 하고 나서 일꾼들은 타작마당의 곡식더미 곁에서 잠을 잤습니다. 유대 사회의 이런 타작 문화를 잘 알아야 오늘 본문의 내용이 쉽게 이해가 됩니다.

나오미의 계획을 좀 더 들어보겠습니다. 3절과 4절입니다.

3그런즉 너는 목욕하고 기름을 바르고 의복을 입고 타작마당에 내려가서 그 사람이 먹고 마시기를 다하기까지는 그에게 보이지 말고 4그가 누울 때에 너는 그 눕는 곳을 알았다가 들어가서 그 발치 이불을 들고 거기 누우라 그가 너의 할 일을 네게 고하리라.

나오미는 룻에게 목욕을 하고 기름을 바르고 의복을 입으라고 합니다. 목욕하고 나서 몸에 바르는 기름은 몸에 좋은 향기를 내는 향수의 기능을 합니다. 이렇게 하는 이유는 그날 밤 보아스에게 매력적으로 보이기 위해서입니다. 나오미는 룻에게 타작마당에 내려가서 보아스가 먹고 마시기를 다 할 때까지 숨어 있으라고 합니다. 유대 사회에서 추수한 곡식을 타작하는 기간이 끝나면 주인은 그동안 수

고한 일꾼들에게 연회를 베풉니다. 이렇게 밤늦게까지 연회를 베풀고 나서 그날 밤에는 주인도 타작마당 주변에 임시로 마련된 숙소에서 잠을 잤습니다. 이런 문화를 잘 알고 있었던 나오미는 룻에게 연회가 끝날 때까지 숨어 있다가 보아스가 숙소에서 잠자리에 들면 그곳에 들어가 그의 발치에 이불을 들치고 누우라고 말합니다. 이러한 룻의 행동은 보아스를 유혹하여 동침하도록 유도하는 매우 도발적이고 부도덕한 행동처럼 보이기도 합니다. 그러나 나오미의 의도는 룻이 보아스에게 청혼의 의사를 전달하여 기업 무를 자의 책임을 이행할 의지가 있는지를 확인하고, 만일 있다면 적극적으로 나서줄 것을 촉구하려는 것이었습니다. 물론 결정은 어디까지나 보아스의 몫이었습니다. 그래서 나오미는 4절 끝에서 룻에게 "그가 너의 할 일을 네게 고하리라"라고 말했던 것입니다.

나오미의 말을 들은 룻은 어떻게 반응했습니까? 5절부터 7절까지 읽어봅니다.

5 룻이 시모에게 이르되 어머니의 말씀대로 내가 다 행하리이다 하니라 6 그가 타작마당으로 내려가서 시모의 명대로 다 하니라 7 보아스가 먹고 마시고 마음이 즐거워서 가서 노적가리 곁에 눕는지라 룻이 가만히 가서 그 발치 이불을 들고 거기 누웠더라.

룻은 시어머니 나오미의 말이 무엇을 의미하는지 충분히 이해했습니다. 그래서 타작마당으로 내려가 나오미가 시키는 대로 했습니다. 과연 그날 밤, 타작마당에서 룻과 보아스 사이에 어떤 일이 있었을까요? 그것은 다음 장에서 살펴보겠습니다.

오늘 우리는 본문의 이야기를 통해 어떤 교훈을 얻을 수 있는지 생각해보려고 합니다. 저는 나오미와 룻의 행동을 통해 '믿음과 소망의 적극성'에 대해 말씀을 드리려고 합니다. 성경은 히브리서 11장 1절에서 "믿음은 바라는 것들의 실상이요 보지 못하는 것들의 증거"라고 정의하고 있습니다. 이 정의에 따르면 믿음은 우리가 바라는 것, 즉 우리의 소망과 매우 밀접한 관계가 있습니다. 우리가 바라는 소망은 아직 실현되지 않은 것이기에 미래적인 것입니다. 소망은 현재 이루어지지 않은 바람입니다. 소망이 현실로 이루어지면 더 이상 소망이 아닙니다. 믿음은 그 바라는 소망의 실상, 실체입니다. 아직 이루어지지 않은 소망의 실체를 마치 현재 이루어진 것처럼 확신하는 것이 믿음입니다. 믿음이 보이지 않는 것들의 증거라는 것도 마찬가지입니다. 우리가 바라는 소망은 아직 우리의 눈에 보이지 않습니다. 그러나 믿음은 그 보이지 않는 소망을 현재 보는 것처럼 증거를 가지고 있는 것입니다. 믿음에 대한 이러한 정의는 믿음을 가진 신자로 하여금 바라는 소망에 대해 소극적인 자세를 취하지 말고 적극적인 자세를 취하도록 요구합니다. 믿음이 있는 사람은 소망이 이루어질 때까지 그냥 아무것도 안 하고 가만히 있지 않습니다. 믿음이 있는 사람은 자기가 바라는 소망이 현재 이루어진 것처럼 살아갑니다. 이것을 쉽게 풀어 설명하면, 믿음이 있는 사람은 자기가 바라는 소망의 성취를 위해 현재 아무것도 안 하는 것이 아니라, 바라는 소망을 현재로 앞당기기 위해 최선을 다하며 노력한다는 것입니다. 믿음의 사람에게는 소망이 손에 닿지 않고 눈에 보이지 않을 정도로 먼 미래에 있는 것이 아니라 현재 손에 닿을 정도로 눈에 보일 정도로 가까이 와 있는 것입니다. 이런 믿음을 가지고 살았던 믿음의 조상 아브라함에 대해 히브리서 11장 8절은 이렇게 말합니다.

> 믿음으로 아브라함은 부르심을 받았을 때에 순종하여 장래 기업으로 받을 땅에 나갈새 갈 바를 알지 못하고 나갔으며.

여호와께서는 창세기 12장에서 아브라함을 부르시면서 "너는 너의 본토 친척 아비 집을 떠나 내가 네게 지시할 땅으로 가라"라고 명령하셨습니다. 이때 아브라함은 여호와의 말씀을 따라 아직 유업으로 받을 땅이 어디인지 알지 못했지만 고향을 떠나갔습니다. 믿음이 있었기 때문에 적극적으로 하나님의 부르심에 순종할 수 있었던 것입니다.

오늘 본문에서 알 수 있듯이 나오미에게는 소망이 있었습니다.

그것은 보아스가 기업 무를 자로서 며느리 룻과 결혼하는 것이었습니다. 나오미는 하나님께서 보아스와 룻을 우연히 만나게 하신 것이 아니라 하나님의 섭리 가운데 인도하셨다는 것을 믿었습니다. 그러나 나오미는 단지 믿음만 가지고 소망이 이루어지기를 바라며 아무것도 안 하고 가만히 앉아 있지 않았습니다. 그녀는 자신의 소망이 이루어질 것을 믿으면서 치밀하게 계획을 세웠고 그 계획을 적극적으로 실행에 옮겼습니다.

예수님은 마태복음 7장 7-8절에서 믿는 자들에게 이렇게 도전적으로 말씀하십니다.

7구하라 그러면 너희에게 주실 것이요 찾으라 그러면 찾을 것이요 문을 두드리라 그러면 너희에게 열릴 것이니 8구하는 이마다 얻을 것이요 찾는 이가 찾을 것이요 두드리는 이에게 열릴 것이니라.

믿고 바라는 것이 있다면 아무것도 안 하고 가만히 있어서는 안 됩니다. 믿고 바라는 것이 이루어지도록 구하고 찾고 두드리며 적극적인 자세로 움직여야 합니다. 우리는 종종 사과나무 아래에서 사과가 떨어지기만을 무작정 기다리는 것이 믿음이라고 생각합니다. 물론 사람의 힘으로 도저히 할 수 없는 경우에는 하나님의 일하심을 인내심을 가지고 기다려야 할 때도 있습니다. 그러나 우리가 바라는 것이 스스로 할 수 있는 것이라면, 하나님께서 이루어주시기만 바라고 가만히 있어서는 안 됩니다. 우리가 할 수 있는 최선의 노력을 하면서 하나님의 도우심을 구해야 합니다. 그것이 진정한 믿음입니다. 손을 뻗어도 사과에 닿지 않으면 사다리를 가져다 올라가서 따거나 긴 막대기를 가지고 사과를 건드려서 떨어뜨리거나 적극적으로 사과가 떨어지도록 노력을 해야 합니다. 우리의 힘이 미칠 수 있는 일은 우리 스스로 노력하면서 하나님의 도우심을 구하는 것이 믿음입니다. 그런 의미에서 저는 "하늘은 스스로 돕는 자를 돕는다"Heaven helps those who help themselves라는 격언을 좋아합니다. 그러나 우리는 믿는다면서 아무런 노력도 하지 않고 하나님이 처음부터 끝까지 알아서 다 해주시기를 바라기만 합니다. 그것은 어쩌면 믿음이라는 핑계를 내세우면서 아무것도 안 하는 영적인 나태함일지 모릅니다.

예수님의 재림을 믿고 소망하십니까? 그러면 어떻게 해야 할까요? 가만히 앉아서 아무것도 안 하면서 재림을 기다리면 될까요? 그러면 예수님이 재림하실까요? 아닙니다. 예수님의 재림을 믿고 소망한다면 우리가 해야 할 일이 있습니다. 그것이 무엇입니까? 복음을 땅끝까지 전해야 합니다. 예수님은 "천국 복음이 모든 민족에게 증거되기 위하여 온 세상에 전파되리니 그제야 끝이 오리라"(마 24:14)라고 말씀하셨습니다. 모든 민족에게 복음이 전파되지 않으면 주님이 오실 수가 없습니다. 그러므로 예수님의 재림을 믿고 소망하는 사람은 가만히 앉아서 재림을 기다리는 사람이 아니라 적극적으로 모든 민족에게 복음을 전파하기 위해 힘써 노력하는 사람입니다.

우리에게 바라고 믿는 것이 있습니까? 그것이 정말 하나님께서 주신 믿음이고 소망이고 하나님의 뜻이라는 확신이 있습니까? 그러면 가만히 있지 마십시오. 그 믿음과 소망이 이루어지도록 나오미와 룻처럼 계획을 세우고 행동으로 옮기면서 구하고 찾고 두드리십시오. 그러면 믿고 소망하는 것이 현실이 되는 것을 보게 될 것입니다. 믿음으로 소망의 문을 강하게 두드리며 사십시오.

RUTH

8.

이렇게 멋지고 아름답게
사랑하라

8밤중에 그 사람이 놀라 몸을 돌이켜 본즉 한 여인이 자기 발치에 누웠는지라 9가로되 네가 누구뇨 대답하되 나는 당신의 시녀 룻이오니 당신의 옷자락으로 시녀를 덮으소서 당신은 우리 기업을 무를 자가 됨이니이다 10가로되 내 딸아 여호와께서 네게 복주시기를 원하노라 네가 빈부를 물론하고 연소한 자를 좇지 아니하였으니 너의 베푼 인애가 처음보다 나중이 더하도다 11내 딸아 두려워말라 내가 네 말대로 네게 다 행하리라 네가 현숙한 여자인줄 나의 성읍 백성이 다 아느니라 12참으로 나는 네 기업을 무를 자나 무를 자가 나보다 더 가까운 친족이 있으니 13이 밤에 여기서 머무르라 아침에 그가 기업 무를 자의 책임을 네게 이행하려 하면 좋으니 그가 그 기업 무를 자의 책임을 행할 것이니라 만일 그가 기업 무를 자의 책임을 네게 이행코자 아니하면 여호와의 사심으로 맹세하노니 내가 기업 무를 자의 책임을 네게 행하리라 아침까지 누울지니라 14룻이 새벽까지 그 발치에 누웠다가 사람이 피차 알아보기 어려울 때에 일어났으니 보아스의 말에 여인이 타작마당에 들어온 것을 사람이 알지 못하여야 할 것이라 하였음이라 15보아스가 가로되 네 겉옷을 가져다가 펴서 잡으라 펴서 잡으니 보리를 여섯 번 되어 룻에게 이워주고 성으로 들어가니라 16룻이 시모에게 이르니 그가 가로되 내 딸아 어떻게 되었느냐 룻이 그 사람의 자기에게 행한 것을 다 고하고 17가로되 그가 내게 이 보리를 여섯 번 되어 주며 이르기를 빈손으로 네 시모에게 가지 말라 하더이다 18이에 시모가 가로되 내 딸아 이 사건이 어떻게 되는 것을 알기까지 가만히 앉아 있으라 그 사람이 오늘날 이 일을 성취하기 전에는 쉬지 아니하리라 깊이 잠들었던 보아스는 한밤중에 몸을 뒤척이다 발치에 뭔가 닿자 깜짝 놀라 깨었습니다. 어두컴컴하여 잘 보이지는 않았지만 자기 발치에 누워 있는 사람이 여인이란 걸 알 수 있었습니다. 보아스는 깜짝 놀라 "당신은 누구요? 누군데 여기에 있는 것이요?"라고 물었습니다. 보아스의 질문에 일어나 앉은 여인은 "저는 당신의 시녀 룻입니다"라고 대답하며, "당신은 저희 집안의 기업을 무를 자이시니 당신의 옷자락으로 저를 덮어 주세요"라고 말했습니다. 보아스는 한밤중에 자기의 발치에 누워 있던 여인의 정체가 룻이었다는 사실에 놀랐지만, 무엇보다 룻이 한 말에 더 크게 놀라지 않을 수 없었습니다. 왜냐하면 보아스는 룻이 지금 자신을 아내로 맞아 기업 무를 자의 역할을 해달라고 자신에게 요구하고 있다는 것을 알았기 때문입니다.

　룻이 보아스에게 말한 "당신의 옷자락을 펴 당신의 여종을 덮으소서"에서 옷자락은 히브리어로 "날개"를 의미합니다. 이 단어는 룻기 2장 12절에서 룻을 처음 만났던 날에 보아스가 "이스라엘의 하나님 여호와께서 그 날개 아래 보호를 받으러 온 네게 온전한 상 주시기를 원하노라"라고 룻에게 했던 말이었습니다. 룻은 지금 보아스의 날개 아래에서 보호를 받고 싶다고 요청하는 것입니다. 보아스에게 자신의 법적인 보호자, 곧 남편이 되어 달라고 청혼을 하는 것입니다. 또 룻이 9절에서 두 번씩이나 "당신의 시녀"라는 표현을 사용하고 있는데, 이 시녀라는 단어는 히브리어로 '아마'이며 주인의 아내가 되어 아들을 낳아줄 수 있는 여종을 가리키는 특별한 단어입니다. 그러므로 보아스는 룻이 그날 밤에 자기 발치에 누운 행동이 무엇을 의미하는지 정확히 이해할 수 있었습니다. 룻은 보아스가 기업 무를 자로서 자신을 아내로 맞이할 마음이 있는지를 확인하고 첫날밤을 치를 마음의 준비까지 하고 왔던 것입니다. 그래서 룻은 목욕하고 향유를 바르고 단정히 의복을 입고 왔던 것입니다.

이제 룻의 마음을 충분히 알았으니 보아스가 답을 할 차례입니다. 룻도 떨리는 심정으로 보아스의 대답을 기다리고 있었습니다. 10절과 11절입니다.

10가로되 내 딸아 여호와께서 네게 복주시기를 원하노라 네가 빈부를 물론하고 연소한 자를 좇지 아니하였으니 너의 베푼 인애가 처음보다 나중이 더하도다 11내 딸아 두려워말라 내가 네 말대로 네게 다 행하리라 네가 현숙한 여자인줄 나의 성읍 백성이 다 아느니라.

보아스는 먼저 룻을 축복했습니다. 그리고 룻이 빈부를 떠나서 젊은 남자를 배우자로 선택하지 않고 자기처럼 나이 많은 사람을 마다하지 않은 것이 고마웠습니다. 여기에 "인애"라는 말은 히브리어로 '헤세드'인데, 변함없는 사랑을 의미합니다. 처음에 베푼 인애는 룻이 시어머니 나오미에게 보여준 며느리로서의 사랑을 의미하는 것이고, 나중에 베푼 인애는 룻이 나이 많은 보아스에게 아내가 되겠다며 보여준 사랑을 의미합니다. 보아스는 룻이 그동안 나오미에게 보여준 인애를 보며 크게 감동을 했는데 자신에게도 그런 인애를 베풀려 하는 것에 더 큰 감동을 받았던 것입니다. 사실, 보아스도 룻에게 호감이 있었지만, 나이 차이가 많이 나서 룻이 당연히 젊은 남자를 배우자로 생각하리라 여겼기 때문에 감히 다가설 마음을 품지 못했을 것입니다. 그동안 보아스도 베들레헴 마을 사람들처럼 시어머니를 모시기 위해 모압을 떠나 온 룻을 현숙한 여인으로 매우 좋게 생각하고 있었습니다. 그러나 보아스가 두 번씩이나 나오미처럼 룻을 "내 딸아"라고 부르는 것만 봐도 보아스가 룻을 딸처럼 생각했지 자신의 아내로 생각해보지 않았다는 것을 알 수 있습니다. 그런데 이제 나오미와 룻의 마음을 확실히 안 이상, 룻이 용기를 내어 자기에게 청혼한 것처럼 보아스도 용기를 내어 룻의 남편이 되어보기로 마음을 먹었습니다.

그러나 룻의 요구를 들어주기 위해 보아스가 먼저 해결해야 할 문제가 있었습니다. 그것이 무엇인지 12절과 13절에서 말합니다.

12참으로 나는 네 기업을 무를 자나 무를 자가 나보다 더 가까운 친족이 있으니 13이 밤에 여기서 머무르라 아침에 그가 기업 무를 자의 책임을 네게 이행하려 하면 좋으니 그가 그 기업 무를 자의 책임을 행할 것이라 만일 그가 기업 무를 자의 책임을 네게 이행코자 아니하면 여호와의 사심으로 맹세하노니 내가 기업 무를 자의 책임을 네게 행하리라 아침까지 누울지니라.

보아스는 자기가 기업을 무를 자가 맞지만 자기보다 더 가까운 친척이 한 명 있다고 했습니다. 그래서 법적으로는 그가 기업을 무를 자 1순위고 자신은 2순위라는 것입니다. 1순위인 그 친척이 기업 무를 자의 책임을 양보하지 않는 이상 보아스는 기업 무를 자의 책임을 이행할 수 없었습니다. 그래서 보아스는 아침에 1순위인 그 친척을 만나서 기업 무를 자의 책임을 이행할 것인지 물어보겠다고 합니다. 만일 그가 이행하지 않는다면 반드시 자기가 기업 무를 자의 책임을 이행하겠다고 여호와 앞에 맹세하며 룻에게 약속을 했습니다. 보아스보다 더 가까운 친척이 있다는 사실을 처음 안 룻은 걱정이 되었지만, 기업 무를 자의 책임을 이행하고 싶어 하는 보아스의 적극적인 의지를 확인하고 안심이 되었습니다.

보아스는 많이 긴장한 룻을 안심시키고 아침까지 그곳에서 자라고 했습니다. 룻은 보아스의 발치에서 자다가 이른 새벽에 일어났습니다. 보아스가 룻이 타작마당에 온 사실을 사람들이 알아채지 못하도록 얼굴을 알아보기 힘든 새벽에 성읍으로 돌아가는 것이 좋겠다고 당부했기 때문입니다. 이렇게 한 이유는 룻이 보아스와 타작마당에서 단둘이 밤을 보냈다는 소문이 마을에 알려지면 당장 두 사람의 관계를 도덕적으로 의심받게 될 것이기 때문입니다. 그러면 그동안 쌓아왔던 두 사람의 좋은 이미지가 큰 타격을 입게 될 뿐 아니라 보아스가 기업 무를 자의 책임을 이행하는 데에도 큰 걸림돌이 됩니다.

보아스는 룻이 마을로 돌아가기 전에 시어머니에게 빈손으로 가지 말라며 룻에게 보리를 여섯 번 되어 주었습니다. 이른 새벽에 집으로 돌아온 룻을 맞은 나오미는 밤새 무슨 일이 있었는지 매우 궁금해서 견딜 수 없었습니다. 룻은 보아스가 한 말을 나오미에게 낱낱이 알려주었습니다. 룻의 말을 다 듣고 보아스가 룻을 통해 보내준 보리를 보면서 나오미는 보아스의 마음을 확실히 읽을 수 있었습니다. 나오미는 룻에게 일이 어떻게 될지 조용히 앉아 기다리자며, 분명히 보아스가 오늘 안으로 이 일을 다 마무리 지을 것이라고 말했습니다.

저는 개인적으로 룻기를 읽으면서 가장 감동하는 부분이 바로 오늘 본문입니다. 특히, 룻을 대하는 보아스의 태도가 너무나 멋지고 아름답고 숭고하기까지 합니다. 그동안 룻기에서 시어머니 나오미를 지극 정성으로 모시는 며느리 룻의 아름다운 마음씨에 충분히 감동했습니다. 오늘은 룻을 향한 보아스의 사랑이 멋지고 아름다운 이유가 무엇인지를 살펴보면서 이성간, 부부간에 그리스도인으로서의 성숙한 사랑의 모델로 삼고자 합니다.

첫째, 책임을 지려는 사랑입니다.

오늘 본문에서 보아스는 룻의 적극적인 프로포즈를 받았습니다. 룻은 매우 도발적이고 대담하게 보아스의 잠자리에까지 몰래 들어가서 적극적으로 청혼을 했습니다. 남자가 여자에게 프로포즈를 한 것이 아니라 여자가 남자에게 그것도 젊은 여자가 아버지뻘의 어른에게 프로포즈를 한 것입니다. 이때 보아스의 반응은 어떠했습니까? 보아스는 룻에게 내가 네가 말한 대로 행하겠다고 약속을 했습니다. 이것은 보아스가 룻의 요구를 받아들이겠다는 것을 의미합니다. 단지 보아스가 룻의 사랑을 받아들이고 룻과 결혼하겠다는 약속을 하는 정도가 아닙니다. 보아스의 말은 자신이 룻과 결혼하여 룻의 남편이 되어 기업 무를 자의 책임을 이행하겠다는 것입니다. 룻을 위해서 엘리멜렉의 잃어버린 기업인 땅을 찾아주고 자식을 낳도록 도와주어 가문의 대를 잇게 해주겠다는 약속을 한 것입니다. 4장에서 살펴보겠지만 보아스는 룻에게 한 약속을 성실하게 이행함으로써 책임을 완수했습니다.

룻에 대한 보아스의 사랑이 멋지고 아름다운 이유는 사랑에 따른 약속과 책임을 기꺼이 이행했기 때문입니다. 사랑에는 책임이 따릅니다. 참된 사랑은 사랑하는 사람과의 약속을 신실하게 지키며 자기에게 주어진 책임을 기꺼이 감당합니다. 그러나 오늘날 책임을 지지 않고 회피하려는 무책임한 사랑이 너무나 많습니다. 너무나 쉽게 약속을 남발하고 너무나 쉽게 약속을 파기하는 거짓말 같은 사랑이 난무하고 있습니다. 남녀가 서로 사랑해서 결혼을 하면 결혼식 날 중인들 앞에서 영원히 남편과 아내로서 책임을 다하겠다고 굳게 서약을 합니다. 그러나 얼마 못 가 서로를 헌신짝처럼 버리는 사람들이 얼마나 많습니까? 사랑하는 미혼 청년들에게 충고합니다. 연애할 때 약속을 잘 안 지키는 사람과 절대 결혼하지 마십시오. 무책임한 사람과도 결혼하지 마십시오. 그런 사람과 결혼하면 결혼 생활이 오래가지 못하거나 불행해집니다. 사랑에서 가장 중요한 것이 뭐라고 생각하십니까? 믿음, 곧 신뢰입니다. 아무리 잘생기고 예쁘고 학벌이 좋고 경제적인 능력이 있고 안정된 직장이 있어도 믿고 신뢰할 수 없으면 그 사랑은 오래갈 수 없습니다. 약속도 안 지키고 책임도 안 지려는 사람을 뭘 믿고 평생 함께하려고 결혼을 합니까? 정말 사랑하면 사랑하는 사람과 한 약속을 지키려고 노력해야 합니다. 정말 사랑하면 사랑하는 사람을 위해 남편으로서 아내로서 부모로서 자식으로서 책임을 성실히 이행해야 합니다. 여호와 하나님은 이스라엘 백성과 언약을 맺으시고 광야 40년 동안 그들에게 날마다 만나와 메추라기를 주시고 필요를 채워주시고 구름 기둥과 불기둥으로 약속한 가나안 땅까지 인도하시며 언약을 성실히 이행하시며 책임을 다하셨습니다. 그러나 이스라엘 백성은 계속 하나님을 불신하고 원망하며 불평하기만 했습니다. 그들은 언약을 번번이 파기했고 여호와 하나님만을 섬겨야 하는 책임을 버리고 우상을 숭배하며 여호와께 전혀 신뢰를 주지 못했습니다. 여호와 하나님은 이스라엘 백성을 진정으로 사랑하셨지만, 이스라엘 백성은 하나님을 진정으로 사랑하지 않았던 것입니다. 우리는 보아스처럼 약속을 잘 지키고 책임을 성실히 이행하는 성숙한 사랑을 해야 합니다.

둘째, 배려하는 사랑입니다.

앞장에서 우리는 룻이 타작마당에서 보아스가 잠든 숙소로 몰래 들어가서 보아스의 발치에 이불을 들추고 살며시 눕는 장면을 보았습니다. 만일 이것이 로맨틱한 영화의 한 장면을 보여주는 예고편이었다면 그다음 장면에서 전개될 장면을 쉽게 상상할 수 있을 것입니다. 룻기의 이야기를 전혀 모르는 사람이 지난 장면을 보고 오늘 이야기를 보았다면 아마도 대부분 19금 수준의 수위가 높은 선정적인 장면을 예상했을 것입니다.

생각해보십시오. 젊은 여자가 목욕을 하고 향수를 바르고 야심한 밤에 남자 혼자 잠든 방에 들어와 발치에 누워 있습니다. 그리고 이 사실을 아는 사람은 아무도 없고 그날 밤 그 자리에는 성인 남녀가 단둘이 있습니다. 게다가 젊은 여자가 가까이서 남편이 되어 달라고 애원을 합니다. 그다음 장면은 안 봐도 비디오입니다. 그런데 보아스는 모든 사람의 예상을 깨고 룻을 건드리지 않았습니다. 그날 밤 둘 사이에서는 신혼 첫날밤 같은 일이 일어나지 않았습니다. 보아스는 룻의 청혼을 받고 룻의 마음을 알고 나서 그 청혼을 받기로 약속했지만 선을 넘지 않았습니다. 분명 보아스도 이성으로서 룻에게 호감과 사랑의 감정이 있었습니다. 그래서 남편이 되겠다고 약속을 한 것입니다. 그런데 보아스는 냉철한 이성적 판단으로 자신의 감정을 제어했습니다. 그리고 놀라울 정도로 룻을 배려해주었습니다.

룻에 대한 보아스의 배려는 두 가지 측면에서 생각해볼 수 있습니다. 첫째, 보아스는 룻이 타작마당에서 밤에 자기와 단둘이 있었다는 것을 마을 사람들이 모르게 했습니다. 왜냐하면 베들레헴 마을 사람들이 룻을 매우 정숙한 여인으로 생각하고 있었기 때문에 그 좋은 이미지를 지켜주고 싶었기 때문입니다. 둘째, 자신이 기업 무를 자의 1순위가 아니기 때문에 만일 1순위가 되는 친척이 기업 무를 자의 책임을 이행하고 룻과 결혼하겠다고 한다면 룻과 잠자리를 한 것은 간음죄가 되기 때문입니다. 그러므로 자기가 확실히 기업 무를 자가 되어 결혼할 때까지 룻과 잠자리를 하지 않으려고 했던 것입니다. 이만 큼 보아스는 매우 신중한 사람이었고 그만큼 룻을 배려하며 진심으로 사랑했습니다. 이것이 보아스의 사랑이 멋지고 아름다운 이유입니다.

사랑은 사랑하는 사람을 위해 배려하는 것입니다. 고린도전서 13장에서 사랑은 무례히 행하지 않고 자기의 유익을 구하지 않는다고 했습니다. 사랑은 불의를 기뻐하지 아니하며 진리와 함께 기뻐한다고 했습니다. 그런데 오늘날 많은 사람이 일순간의 쾌락을 맛보려고 사랑이라는 이름으로 지켜야 할 선을 너무나 쉽게 넘어갑니다. 상대방을 위한 배려는 안중에도 없고 자기의 성적인 욕망을 해소하고는 쉽게 버립니다. 그렇게 버려진 사람은 지울 수 없는 상처를 안고 평생을 고통스럽게 살아갑니다. 오늘날 현대를 사는 그리스도인들은 보아스의 배려하는 성숙한 사랑을 회복해야 합니다. 이성간, 부부간에 이런 아름답고 성숙하고 거룩한 사랑을 해야 합니다.

셋째, 아낌없이 주는 사랑입니다.

보아스가 룻을 처음 만났을 때와 오늘 본문에서 보아스가 룻을 새벽에 집으로 돌려보내기 전에 보이는 태도에서 발견되는 공통점이 있습니다. 그것은 룻에게 아낌없이 주고자 하는 마음입니다. 보아스는 룻을 처음 만날 날, 룻이 이삭을 많이 주울 수 있도록 추수꾼들에게 일부러 이삭을 많이 흘리도록 했습니다. 그래서 룻이 하루 동안 보리 한 에바, 즉 두 사람이 보름 동안 먹을 수 있는 많은 양의 이삭을 주울 수 있었습니다. 오늘 본문에서도 보아스는 룻을 빈손으로 돌려보내지 않았습니다. 그는 타작한 곡식을 여섯 번이나 되어 룻에게 주어서 보냈습니다. 왜 보아스는 이렇게 룻에게 주고자 하는 것일까요? 룻을 사랑하기 때문입니다. 사랑하기 때문에 주고 싶은 것입니다. 사랑은 주는 것입니다. 사랑하게 되면 사랑하는 사람을 위해 아낌없이 주고 싶어집니다. 우리가 누군가를 진정으로 사랑하게 되면 나의 것을 아낌없이 주게 되어 있습니다.

요한복음 3장 16절입니다.

하나님이 세상을 이처럼 사랑하사 독생자를 <u>주셨으니</u> 이는 저를 믿는 자마다 멸망치 않고 영생을 얻게 하려 하심이니라.

로마서 8장 32절입니다.

자기 아들을 아끼지 아니하시고 우리 모든 사람을 위하여 <u>내어 주신</u> 이가 어찌 그 아들과 함께 모든 것을 우리에게 은사로 <u>주지 아니하시겠느뇨</u>.

누가복음 11장 13절입니다.

너희가 악할 지라도 좋은 것을 자식에게 줄 줄 알거든 하물며 너희 천부께서 구하는 자에게 성령을 <u>주시지 않겠느냐</u> 하시니라.

진정한 사랑은 주는 것입니다. 보아스의 사랑이 멋지고 아름다운 이유는 룻을 위해 아낌없이 주는 자기희생적인 사랑이었기 때문입니다. 그런 의미에서 룻기에 나오는 보아스는 하나님의 은혜와 사랑을 베풀면서 하나님을 대변하는 구속자의 모습으로 그려지고 있습니다. 오늘날 사람들은 너무나 이기적으로 변해가는 것 같습니다. 사랑한다고 하면서도 사랑하는 사람을 위해 자기 것을 주려는 희생의 태도가 부족합니다. 오히려 자신을 위해 희생을 강요하면서 이기적으로 받기만 원할 때가 많습니다. 이렇게 받기만 하는 이기적인 사랑에는 만족함이 없습니다. 그러나 자기를 희생하여 내어주는 사랑에는 행복과 만족이 있습니다. 우리는 보아스처럼 하나님처럼 아낌없이 주는 사랑을 해야 합니다.

RUTH

9.

룻 4:1-8 ─────
하나님이 주신 기회를
놓치지 말라

¹보아스가 성문에 올라가서 거기 앉았더니 마침 보아스의 말하던 기업 무를 자가 지나는지라 보아스가 그에게 이르되 아무여 이리로 와서 앉으라 그가 와서 앉으매 ²보아스가 성읍 장로 십 인을 청하여 가로되 당신들은 여기 앉으라 그들이 앉으매 ³보아스가 그 기업 무를 자에게 이르되 모압 지방에서 돌아온 나오미가 우리 형제 엘리멜렉의 소유지를 관할하므로 ⁴내가 여기 앉은 자들과 내 백성의 장로들 앞에서 그것을 사라고 네게 고하여 알게 하려 하였노라 네가 무르려면 무르려니와 네가 무르지 아니하려거든 내게 고하여 알게 하라 네 다음은 나요 그 외에는 무를 자가 없느니라 그가 가로되 내가 무르리라 ⁵보아스가 가로되 네가 나오미의 손에서 그 밭을 사는 날에 곧 죽은 자의 아내 모압 여인 룻에게서 사서 그 죽은 자의 기업을 그 이름으로 잇게 하여야 할지니라 ⁶그 기업 무를 자가 가로되 나는 내 기업에 손해가 있을까 하여 나를 위하여 무르지 못하노니 나의 무를 권리를 네가 취하라 나는 무르지 못하겠노라 ⁷옛적 이스라엘 중에 모든 것을 무르거나 교환하는 일을 확정하기 위하여 사람이 그 신을 벗어 그 이웃에게 주더니 이것이 이스라엘의 증명하는 전례가 된지라 ⁸이에 그 기업 무를 자가 보아스에게 이르되 네가 너를 위하여 사라 하고 그 신을 벗는지라

타작마당에서 새벽에 룻을 성읍으로 먼저 돌려보낸 후, 보아스는 아침이 되어서야 타작마당을 나왔습니다. 그리고 베들레헴 성문으로 발길을 재촉했습니다. 1절을 읽어봅니다.

　　보아스가 성문에 올라가서 거기 앉았더니 마침 보아스의 말하던 기업 무를 자가 지나는지라 보아스가 그에게 이르되 아무여 이리로 와서 앉으라 그가 와서 앉으매.

　　보아스가 아침부터 부랴부랴 성문으로 향했던 이유는 간밤에 룻과 했던 약속, 기업 무를 자의 문제를 해결하기 위해서였습니다. 성문 앞에는 광장이 있었고 성문 위에는 10여 명이 여유 있게 앉을 수 있는 자리가 마련되어 있었습니다. 보아스는 성문 위로 올라가서 그 자리에 앉았습니다. 고대 이스라엘 사회에서 성문은 재판이 열리는 장소였습니다. 백성들은 법적으로 해결할 문제가 있으면 성문으로 와서 성읍을 대표하는 장로들 앞에서 율법에 따라 재판을 받았습니다. 보아스가 성문 위로 올라가서 앉았다는 것은 법적으로 해결할 문제가 있어서 재판을 받겠다는 의사 표현이었습니다. 보아스가 기업 무를 자의 문제를 해결하기 위해서는 기업 무를 자 1순위인 친족을 성문으로 불러서 만나야 했습니다. 그런데 마침, 그 기업 무를 자가 성문 앞을 지나갔습니다. 안 그래도 사람을 시켜 그를 불러오려고 했는데, 그가 제 발로 찾아온 것입니다. 우연치고는 타이밍이 너무 잘 맞았습니다. 보아스는 급히 그의 이름을 불렀습니다. 그러나 아쉽게도 룻기의 저자는 그의 이름을 밝히지 않고 단지 '아무개'라고 기록하고 있습니다. 그래서 저도 아무개라고 부르겠습니다. 보아스는 기업 무를 자인 아무개에게 손짓하며, "이리로 와서 앉으라"라고 말했습니다. 짐작건대 아무개도 보아스와 엇비슷한 나이였을 것입니다. 아무개도 성문 위의 자리에 앉는 것이 무엇을 의미하는지 잘 알고 있었습니다. 그것은 보아스가 자신과 법적으로 해결할 문제가 있다는 의미였습니다. 아무개는 그 문제가 무엇인지 몰랐지만 일단 응하기로 했습니다. 두 사람은 인사를 나누고 함께 자리에 앉았습니다.

보아스는 베들레헴 성읍을 대표하는 장로들 10명을 성문 재판정으로 긴급하게 소집했습니다. 장로들을 소집하는 동안 어느새 성문에는 베들레헴 마을 사람들이 재판을 구경하기 위해 모여들었습니다. 10명의 장로가 한자리에 모이자 보아스는 장로들과 마을 사람들 앞에서 재판을 소집하게 된 이유를 아무개에게 소상히 말하기 시작했습니다. 3절과 4절을 읽어봅니다.

> ³보아스가 그 기업 무를 자에게 이르되 모압 지방에서 돌아온 나오미가 우리 형제 엘리멜렉의 소유지를 관할하므로 ⁴내가 여기 앉은 자들과 내 백성의 장로들 앞에서 그것을 사라고 네게 고하여 알게 하려 하였노라 네가 무르려면 무르려니와 네가 무르지 아니하려거든 내게 고하여 알게 하라 네 다음은 나요 그 외에는 무를 자가 없느니라 그가 가로되 내가 무르리라.

보아스는 모압 지방에서 돌아온 나오미가 죽은 남편 엘리멜렉의 소유지를 팔려고 한다고 말합니다. 그러나 이 말의 의미를 잘 이해할 필요가 있습니다. 아마도 엘리멜렉의 소유지인 땅은 엘리멜렉이 모압으로 이주하면서 다른 사람에게 팔았을 것입니다. 그러므로 여기에서 소유지를 팔려고 한다는 것은 그 땅의 원소유자로서의 권리를 양도하겠다는 의미로 이해해야 합니다. 본래 기업 무를 자의 책임 중 하나는 친족의 잃어버린 땅을 대신 값을 지불하고 사서 찾아주는 것이기 때문에 나오미가 엘리멜렉의 땅에 대한 소유권을 기업 무를 자에게 양도해야 했습니다. 보아스는 아무개가 기업 무를 자 1순위로서 나오미에게 그 소유권을 사서 엘리멜렉의 기업을 무를 마음이 있는지 물었습니다. 만일 엘리멜렉의 기업을 무를 마음이 없다면 2순위인 보아스 자신이 기업을 무르겠다고 말했습니다. 보아스로부터 엘리멜렉의 기업을 무를 마음이 있는지 없는지 질문을 받은 아무개는 자신이 기업을 무르겠다고 답을 했습니다. 고대 이스라엘 사회에서는 기업 무를 자의 책임을 이행하는 것을 대단히 명예롭게 여겼습니다. 반대로 책임을 회피하는 것을 매우 불명예스럽게 여겼습니다. 물론 기업을 무르는 책임을 감당하고 싶어도 경제적인 능력이 없어서 무를 수 없는 경우는 어쩔 수 없이 경제적인 능력이 있는 다른 친족에게 기업을 무르도록 책임을 양도해야 했습니다. 아무개가 엘리멜렉의 기업을 대신 무르겠다고 답한 것을 보면 아무개도 경제적인 능력이 있었던 사람 같습니다. 그런데 문제는 아무개가 기업을 무르게 되면 보아스가 룻을 아내로 맞아들여 엘리멜렉 가문의 기업을 무르겠다는 약속을 지킬 수 없게 됩니다. 보아스와 룻의 인연은 이것으로 끝나는 걸까요? 아직 판단은 이릅니다. 보아스는 아무개에게 할 말이 남아 있었습니다. 그 말을 들어보겠습니다. 5절입니다.

보아스가 가로되 네가 나오미의 손에서 그 밭을 사는 날에 곧 죽은 자의 아내 모압 여인 룻에게서 사서 그 죽은 자의 기업을 그 이름으로 잇게 하여야 할지니라.

이 말이 무슨 의미인지 이해가 되십니까? 보아스는 아무개가 단지 엘리멜렉의 잃어버린 기업을 되찾아주는 것으로 기업 무를 자의 책임을 다한 것이 아니라, 나오미의 며느리인 룻과 결혼하여 아들을 얻게 해줌으로써 그 기업이 그 아들에게 상속되게 해주어야 할 책임도 함께 져야 한다는 사실을 알려주었습니다.

보아스의 말을 들은 아무개의 반응이 매우 궁금합니다. 6절을 읽어봅니다.

> 그 기업 무를 자가 가로되 나는 내 기업에 손해가 있을까 하여 나를 위하여 무르지 못하노니 나의 무를 권리를 네가 취하라 나는 무르지 못하겠노라.

모압 여인 룻과 결혼해서 가문의 대를 잇도록 도와줄 책임이 있다는 말을 들은 아무개는 갑자기 마음을 바꿔 기업을 무르지 못하겠다며 보아스에게 자기 대신 기업을 무르라며 입장을 번복했습니다. 아무개가 기업을 무르지 못하겠다고 마음을 바꾼 이유가 무엇입니까? 내 기업에 손해가 있을까 해서입니다. 이게 무슨 말이냐면 자기에게 경제적인 손실이 생길 것 같아서 못하겠다는 의미입니다.

아무개가 한 말의 의미를 이해하기 쉽게 설명해보겠습니다. 아무개는 자기가 땅값을 지불하고 엘리멜렉의 잃어버린 기업을 사주어도 그 땅의 실제적인 소유주는 자기 자신이라고 생각했습니다. 결과적으로 땅값을 지불하고 그 대신 땅을 소유하게 되었으니 손해를 본 것은 아닙니다. 그리고 그 땅을 가지고 농사를 지으면 그 땅의 소산물을 통해 경제적인 이득도 얻을 수 있어서 시간이 지나면 땅값도 만회할 수 있습니다. 그런데 룻과 결혼을 해서 룻이 아이라도 낳게 되면 결국 그 땅은 그 아이에게 상속되기 때문에 자신은 돈도 땅도 다 잃어 손해를 보게 된다고 생각했던 것입니다. 이렇게 손해를 보기 싫어서 기업 무를 자의 책임을 감당하지 못하겠다고 한 것입니다.

기업을 못 무르겠다는 아무개의 말을 듣고 보아스는 기뻤습니다. 이제는 보아스가 룻과 결혼하여 합법적으로 기업 무를 자의 책임을 이행할 수 있게 되었기 때문입니다. 그러나 이것을 법적으로 확실하게 해둘 필요가 있었습니다. 율법에는 이런 경우 법적으로 확실하게 공증을 서는 절차가 있습니다. 7절과 8절을 읽어봅니다.

> 7옛적 이스라엘 중에 모든 것을 무르거나 교환하는 일을 확정하기 위하여 사람이 그 신을 벗어 그 이웃에게 주더니 이것이 이스라엘의 증명하는 전례가 된지라 8이에 그 기업 무를 자가 보아스에게 이르되 네가 너를 위하여 사라 하고 그 신을 벗는지라.

고대 이스라엘 사회에서 모든 걸 무르고 거래를 확정하기 위해서 신발 한 짝을 벗어 상대방에게 줌으로써 거래가 성립되었음을 증명하는 관례가 있었습니다. 그래서 이 관례에 따라 아무개는 재판정에서 자기의 신발을 벗어서 보아스에게 증거물로 주었습니다. 이렇게 함으로써 기업 무를 책임을 아무개로부터 보아스에게 합법적으로 옮기게 되었습니다.

저는 이 장의 제목처럼 '기회'라는 관점에서 두 인물인 보아스와 아무개를 비교해보려고 합니다.

먼저 아무개에 대해서 생각해보겠습니다. 우리는 아무개가 정확히 누구인지 그의 정체를 알 수 없습니다. 그에 대해 확실히 알 수 있는 사실은 그가 죽은 엘리멜렉의 가장 가까운 친족으로서 죽은 엘리멜렉 집안의 기업을 무를 자, 1순위였다는 것입니다. 이것은 분명 그에게 주어진 기득권이라고 말할 수 있습니다. 만일 아무개가 자신에게 주어진 기득권이라고 할 수 있는, 기업 무를 자의 책임을 끝까지 이행했다면 어떤 일이 벌어졌을까요? 그는 룻과 결혼을 했을 것입니다. 그리고 룻과 함께 메시아의 조상이 되는 영예를 안고 메시아의 족보에 이름을 올렸을지도 모릅니다. 그러나 그는 경제적으로 손해를 보기 싫어서 자기에게 주어진 특권이자 기회를 잃고 말았습니다. 분명 아무개도 보아스처럼 이름을 가지고 있었을 것입니다. 그런데 룻기의 저자는 그의 이름을 알려주고 있지 않습니다. 분명 일부러 알려주지 않았을 것입니다. 그럼 왜 그의 이름을 알려주지 않은 걸까요? 좋게 생각하면 기업 무를 자의 책임을 회피한 그의 허물을 덮어

주기 위한 배려라고 볼 수 있습니다. 그의 이름이 공개됐다면 그는 오늘까지도 비겁하고 불명예스러운 인물로 비난의 대상이 되었을 것입니다. 가룟 유다를 보십시오. 돈을 받고 예수님을 판 배반자라는 이유로 죽어서도 2천 년 동안 욕을 먹고 있지 않습니까? 나쁘게 생각하면, 자기 이익만을 위해 기업 무를 자의 책임을 회피했던 그의 이름을 후대 사람들이 기억할 가치조차 없다고 판단해서 알려주지 않았을 수도 있습니다. 어떤 의도인지는 알 수 없지만, 오늘까지도 사람들의 기억 속에 그의 이름은 남아 있지 않습니다.

반면에 보아스를 보시기 바랍니다. 그는 비록 기업 무를 자 1순위는 아니었습니다. 2순위였습니다. 그러나 그는 어떻게든 엘리멜렉 집안의 기업을 무르려고 적극적으로 나섰습니다. 비록 먼저 기업 무를 자의 책임을 이행해주길 적극적으로 간청한 것은 나오미와 룻이었습니다. 보아스가 애초에 기업 무를 마음이 없었다면 나오미와 룻이 간청을 했어도 아무개처럼 거절하고 말았을 것입니다. 그러나 보아스는 룻의 청혼을 받고 자신이 기업 무를 자의 책임을 이행하겠다고 약속을 했습니다. 그리고 법적인 문제를 해결하기 위해 오늘 이야기에서 보듯이 아무개를 만나 재판을 받았던 것입니다. 비록 보아스에게는 기업 무를 자의 우선권이 주어지지 않았지만, 그는 기업 무를 책임의 기회를 얻고자 자신의 경제적인 손해와 희생을 기꺼이 감수하려고 했습니다. 그 결과, 그는 아무개로부터 합법적으로 기업 무를 자의 우선권을 넘겨받게 되었습니다. 보아스는 잃어버렸던 엘리멜렉의 기업을 찾아주었고 마음씨가 고운 룻과 결혼하는 기회를 얻게 되었습니다. 무엇보다 보아스가 얻은 가장 영예로운 기회는 그가 다윗 왕의 증조할아버지가 되었고, 예수 그리스도의 조상으로서 메시아의 족보에 룻과 함께 그의 이름이 기록되었다는 것입니다.

아무개와 보아스를 비교하면서 생각나는 두 인물이 있습니다. 이삭의 쌍둥이 아들, 에서와 야곱입니다. 에서는 야곱의 형이자 장자로서 장자의 명분을 가지고 있었습니다. 이것은 에서가 태어나면서 받은 권리였습니다. 야곱은 장자가 아니었지만 에서가 가졌던 장자의 명분을 사모했습니다. 반면, 에서는 장자의 명분을 귀한 줄 몰랐습니다. 그래서 팥죽 한 그릇에 장자의 명분을 동생 야곱에게 팔고 말았습니다. 에서야 장난삼아 한 일이었지만 그 일로 인하여 에서는 장자의 명분을 영원히 잃었고 야곱은 그렇게 사모했던 장자의 명분을 얻게 되었습니다. 그 결과 하나님은 "아브라함의 하나님, 이삭의 하나님, 야곱의 하나님"이라고 불리셨고 야곱은 이스라엘 민족의 기원이 되는 열두 지파를 낳게 되었습니다.

성경에는 이렇게 아무개와 에서처럼 하나님이 주신 소중한 기회를 잃어버리는 사람이 있는가 하면, 보아스와 야곱처럼 남에게 주어진 기회를 자기의 것으로 얻는 사람이 있습니다. 가룻 유다도 아무개와 에서처럼 자신에게 주어진 소중한 기회를 잃어버린 사람입니다. 그는 예수님의 열두 사도가 되는 영예로운 기회를 얻었지만 그 기회를 잃고 말았습니다. 결국 가룟 유다 대신, 맛디아가 열두 번째 사도가 되는 기회를 얻었습니다.

오늘날에도 하나님께서는 우리에게 구원의 기회, 축복의 기회, 헌신의 기회, 봉사의 기회, 성공의 기회, 만남의 기회, 응답의 기회, 교육의 기회, 성장의 기회 등 다양한 기회를 주십니다. 그러나 어떤 사람은 아무개처럼 경제적으로 손해를 보기 싫어서, 시간이 없어서, 희생하기 싫어서, 편하고 싶어서, 세상이 좋아서, 게을러서 등 여러 핑계와 이유를 대면서 그 소중한 기회를 잃어버립니다. 반면에 어떤 사람은 보아스와 야곱처럼 하나님의 나라와 영광을 위해 자신의 시간과 물질과 몸을 아낌없이 바치며 어떻게든 하나님께 쓰임 받고자 기회를 얻습니다. 우리는 이 둘 중에 어떤 사람에 해당합니까? 주어진 기회를 잃은 아무개와 같은 사람입니까, 사모함을 가지고 기회를 얻은 보아스와 같은 사람입니까? 우리는 보아스처럼 하나님이 주시는 기회를 간절히 사모해서 하나님의 나라와 하나님의 영광을 위해 귀하게 쓰임을 받는 인생을 살아야 합니다.

10.

여호와의 복은
이렇게 성취된다

⁹보아스가 장로들과 모든 백성에게 이르되 내가 엘리멜렉과 기룐과 말룐에게 있던 모든 것을 나오미의 손에서 산 일에 너희가 오늘날 중인이 되었고 ¹⁰또 말론의 아내 모압 여인 룻을 사서 나의 아내로 취하고 그 죽은 자의 기업을 그 이름으로 잇게 하여 그 이름이 그 형제 중과 그곳 성문에서 끊어지지 않게 함에 너희가 오늘날 중인이 되었느니라 ¹¹성문에 있는 모든 백성과 장로들이 가로되 우리가 중인이 되노니 여호와께서 네 집에 들어가는 여인으로 이스라엘 집을 세운 라헬, 레아 두 사람과 같게 하시고 너로 에브랏에서 유력하고 베들레헴에서 유명케 하시기를 원하며 ¹²여호와께서 이 소년 여자로 네게 후사를 주사 네 집으로 다말이 유다에게 낳아준 베레스의 집과 같게 하시기를 원하노라 ¹³이에 보아스가 룻을 취하여 아내를 삼고 그와 동침하였더니 여호와께서 그로 잉태케 하시므로 그가 아들을 낳은지라 ¹⁴여인들이 나오미에게 이르되 찬송할지로다 여호와께서 오늘날 네게 기업 무를 자가 없게 아니하셨도다 이 아이의 이름이 이스라엘 중에 유명하게 되기를 원하노라 ¹⁵이는 네 생명의 회복자며 네 노년의 봉양자라 곧 너를 사랑하며 일곱 아들보다 귀한 자부가 낳은 자로다 ¹⁶나오미가 아기를 취하여 품에 품고 그의 양육자가 되니 ¹⁷그 이웃 여인들이 그에게 이름을 주되 나오미가 아들을 낳았다 하여 그 이름을 오벳이라 하였는데 그는 다윗의 아비인 이새의 아비였더라 ¹⁸베레스의 세계는 이러하니라 베레스는 헤스론을 낳았고 ¹⁹헤스론은 람을 낳았고람은 암미나답을 낳았고 ²⁰암미나답은 나손을 낳았고 나손은 살몬을 낳았고 ²¹살몬은 보아스를 낳았고 보아스는 오벳을 낳았고 ²²오벳은 이새를 낳았고 이새는 다윗을 낳았더라

기업 무를 자 1순위인 아무개가 자기의 신발을 벗어서 보아스에게 줌으로써 기업 무를 자로서의 모든 권리가 보아스에게 양도되었습니다. 보아스는 이 일의 증인인 법정의 장로들과 베들레헴 마을 사람들 앞에서 기업 무를 자로서의 책임을 이행하겠다고 선언했습니다. 그의 말을 직접 들어보겠습니다. 9절과 10절입니다.

9보아스가 장로들과 모든 백성에게 이르되 내가 엘리멜렉과 기룐과 말론에게 있던 모든 것을 나오미의 손에서 산 일에 너희가 오늘날 증인이 되었고 10또 말론의 아내 모압 여인 룻을 사서 나의 아내로 취하고 그 죽은 자의 기업을 그 이름으로 잇게 하여 그 이름이 그 형제 중과 그곳 성문에서 끊어지지 않게 함에 너희가 오늘날 증인이 되었느니라.

기업 무를 자인 보아스는 죽은 엘리멜렉과 그의 두 아들에게 있던 모든 법적 권리를 나오미로부터 샀습니다. 말론의 아내였던 모압 여인 룻을 아내로 맞아들여서 아들을 낳게 해줌으로써 죽은 말론의 대를 잇게 해주겠다고 말했습니다. 장로들과 마을 사람들은 나오미와 룻의 딱한 처지를 잘 알고 있어서 기업 무를 자의 책임을 이행하겠다는 보아스의 말을 감격스러운 표정으로 들었습니다. 그들의 반응도 직접 들어보겠습니다. 11절과 12절입니다.

> [11]성문에 있는 모든 백성과 장로들이 가로되 우리가 증인이 되노니 여호와께서 네 집에 들어가는 여인으로 이스라엘 집을 세운 라헬, 레아 두 사람과 같게 하시고 너로 에브랏에서 유력하고 베들레헴에서 유명케 하시기를 원하며 [12]여호와께서 이 소년 여자로 네게 후사를 주사 네 집으로 다말이 유다에게 낳아준 베레스의 집과 같게 하시기를 원하노라.

성문에 모였던 마을 사람들과 장로들은 보아스와 그의 아내가 될 룻을 진심으로 축복해주었습니다. 그들은 여호와께서 야곱의 아내인 라헬과 레아의 태를 통해 이스라엘 열두 지파를 세우신 것처럼 룻에게도 아들을 주셔서 대가 끊긴 엘리멜렉의 집안을 다시 일으켜주시길 기원했습니다. 특히, 여호와께서 기업 무를 자의 책임을 이행하기로 한 보아스를 베들레헴과 인근 지역인 에브랏에서 유력하고 유명한 인물이 되게 해주시길 기원했습니다. 그리고 여호와께서 이방 여인이었던 다말이 유다에게 베레스를 낳아준 것처럼, 보아스의 아내가 될 이방 여인 룻에게도 상속자를 주셔서 베레스의 집안처럼 되게 해주시길 기원했습니다. 보아스는 진심으로 자기를 축복해주는 장로들과 마을 사람들과 일일이 악수를 하며 감사의 인사를 나누었습니다. 그날 베들레헴 성문에서 있었던 재판은 그렇게 훈훈하게 마무리되었습니다.

보아스는 집에서 눈이 빠지게 재판 결과를 기다리고 있을 나오미와 룻을 직접 찾아가 기쁜 소식을 전했습니다. 나오미와 룻도 보아스와 함께 매우 기뻐하며 이런 결과를 주신 여호와의 은혜에 감사했습니다. 법적인 문제가 해결되자 보아스와 룻의 결혼 준비가 일사천리로 진행되었습니다. 보아스와 룻은 장로들과 마을 사람들의 축복 속에 감격스럽게 결혼식을 올리고 부부의 인연을 맺었습니다.

결혼식 날, 누구보다 행복했던 사람은 나오미였습니다. 일찍이 남편을 떠나보내고 모압을 떠나 자신을 따라왔던 며느리 룻이 보아스와 같은 훌륭한 남편을 만나 행복한 가정을 이루는 모습을 보니 나오미 역시 행복했습니다. 결혼식을 마치고 보아스와 룻은 타작마당에서 미루었던 첫날밤을 잘 치렀습니다. 여호와께서 룻에게 은혜를 베푸셔서 그날 밤 임신이 되었고 10개월이 지나 룻은 아들을 낳았습니다. 룻이 아들을 낳았다는 소식에 보아스와 나오미뿐 아니라 베들레헴 마을 사람들 모두가 기뻐했습니다. 베들레헴의 여인들이 손자를 얻은 나오미를 찾아와 함께 기뻐하며 축하해주었습니다. 여인들이 나오미에게 한 말을 들어보겠습니다. 15절과 16절입니다.

> 15이는 네 생명의 회복자며 네 노년의 봉양자라 곧 너를 사랑하며 일곱 아
> 들보다 귀한 자부가 낳은 자로다 16나오미가 아기를 취하여 품에 품고 그
> 의 양육자가 되니.

베들레헴 여인들은 나오미에게 기업을 이을 손자를 주신 여호와
를 찬양했습니다. 그리고 태어난 아기가 장차 이스라엘에서 유명해
지기를 축복했습니다. 여인들은 이구동성으로 이 아이가 나오미의
인생을 회복시켜 줄 것이며 노년에 나오미를 잘 보살펴 줄 것이라고
말했습니다. 그리고 시어머니 나오미를 사랑하며 손자를 낳아준 일
곱 아들보다 귀한 며느리 룻을 칭찬했습니다. 나오미는 아기를 품에
안았습니다. 죽은 두 아들이 갓난아기 때 가슴에 안아보았던 그때의
감격이 되살아났습니다. 나오미가 아기를 품에 안고 돌보는 모습을
보고 이웃 여인들은 나오미에게 아들이 생겼다면서 그 아기가 나오
미를 잘 섬겨주길 바라는 마음에 아기의 이름을 '섬기는 자'라는 뜻의
'오벳'이라고 지어주었습니다. 오벳은 자라서 그 이름처럼 나오미를
잘 섬겼습니다. 그리고 이새라는 아들을 보았는데 이새는 다윗 왕의
아버지였습니다. 그러니까 오벳은 다윗 왕의 할아버지가 된 것입니
다. 여인들의 축복처럼 오벳의 이름은 다윗 왕의 할아버지로서 이스
라엘에서 유명해졌습니다.

룻기의 마지막은 베레스의 족보를 소개해주는 것으로 끝맺고 있습니다. 베레스는 이방 여인 다말이 유다에게 낳아준 아들입니다. 12절에서 베레스의 족보가 등장하는 것은 마을 사람들이 보아스와 룻을 축복하면서 "네 집으로 다말이 유다에게 낳아준 베레스의 집과 같게 하시기를 원하노라"라고 한 그 축복이 성취되었음을 말해주는 것으로 이해할 수 있습니다. 18절부터 22절까지 베레스의 족보를 읽어봅니다.

> 18 베레스의 세계는 이러하니라 베레스는 헤스론을 낳았고
> 19 헤스론은 람을 낳았고 람은 암미나답을 낳았고
> 20 암미나답은 나손을 낳았고 나손은 살몬을 낳았고
> 21 살몬은 보아스를 낳았고 보아스는 오벳을 낳았고
> 22 오벳은 이새를 낳았고 이새는 다윗을 낳았더라.

베레스의 족보를 읽다 보니 누구의 이름이 나옵니까? 보아스의 이름이 나옵니다. 알고 보니 보아스는 유다가 다말에게서 얻은 베레스의 자손이었던 것입니다. 이 족보에는 보아스가 룻에게서 얻은 아들 오벳의 이름도 있고 오벳의 아들인 이새의 이름도 있습니다. 그리고 마지막에 이새의 아들인 다윗 왕의 이름도 있습니다. 그러니까 보아스는 베들레헴이 낳은 위대한 왕 다윗의 증조할아버지가 되었고 룻은 다윗 왕의 증조할머니가 되었던 것입니다. 룻기는 이렇게 해피

엔딩으로 대단원의 막을 내립니다.

오늘은 룻기를 마치면서 여호와의 복이 성취되는 원리에 대해 살펴보려고 합니다. 룻기의 결말은 해피 엔딩Happy ending입니다. 그러나 룻기의 시작은 전혀 행복하지 않았습니다. 언해피 비기닝Unhappy beginning이었습니다. 룻기 1장 1절은 이렇게 시작합니다. "사사들의 치리하던 때에 그 땅에 흉년이 드니라." 룻기는 시대부터가 우울했습니다. 영적 혼란기였던 사사 시대를 배경으로 하고 있습니다. 유다 베들레헴 땅에 흉년이 들었습니다. 엘리멜렉의 가정은 흉년을 피해 이방 땅 모압으로 이주했습니다. 그러나 가장인 엘리멜렉에 이어 결혼한 두 아들 말론과 기룐마저 죽고 말았습니다. 이런 슬픈 이야기는 룻기의 시작을 어둡게 합니다. 살아남은 자는 시어머니와 젊은 두 며느리뿐입니다. 처량하기 그지없습니다. 베들레헴을 떠난 지 10년 만에 빈털터리가 되어 큰며느리 룻과 함께 고향으로 돌아온 나오미에게는 아무런 희망이 보이지 않았습니다. 그런데 오늘처럼 룻기의 이야기는 뜻밖의 반전을 맞으며 행복하게 끝이 납니다.

어떻게 이런 일이 가능할 수 있었을까요? 이것은 오직 여호와께서 나오미와 룻에게 복을 베푸셨기 때문이라고 설명할 수 있습니다. 그러면 이러한 여호와의 놀라운 복이 영적으로 혼란스러웠던 사사 시대에 어떻게 나오미와 룻에게 임할 수 있었던 걸까요? 저는 룻기를

이렇게 회복을 경험하라

마치면서 오늘 본문에서 그 이유를 찾을 수 있었습니다. 그리고 이것을 '여호와의 복이 성취되는 원리'라고 이름을 붙여보았습니다. 우리가 이 원리를 기억하고 실천할 수 있다면, 사사 시대뿐 아니라 오늘날에도 우리의 삶 가운데 여호와의 복이 성취될 수 있다고 저는 확신합니다. 그것을 이 시간에 함께 나누려고 합니다.

첫 번째 원리는, 축복하는 사람이 있어야 합니다.

오늘 본문의 이야기를 살펴보는 동안 혹시 가장 두드러진 장면이 무엇인지 눈치를 채셨습니까? 그것은 축복하는 장면입니다. 오늘 본문 11절부터 14절까지는 축복하는 내용으로 이루어져 있습니다. 첫 번째 축복을 하는 장면은 11절과 12절인데 베들레헴의 장로들과 마을 사람들이 기업을 무를 자가 된 보아스를 축복하는 장면입니다. 축복의 내용은 세 가지인데, 첫째, 여호와께서 보아스의 아내가 되는 룻을 통해 이스라엘의 집을 세운 라헬과 레아처럼 되게 해주시기를 원한다는 것이었습니다. 둘째, 여호와께서 보아스를 에브랏과 베들레헴에서 유력하고 유명하게 해주기를 원한다는 것이었습니다. 셋째, 여호와께서 룻이 보아스에게 상속자를 주서서 보아스의 집이 다말이 유다에게 낳아준 베레스의 집처럼 되게 해주시기를 원한다는 것이었습니다. 두 번째 축복하는 장면은 14절인데, 베들레헴의 여인들이 손자를 본 나오미를 찾아와서 축복하는 장면입니다. 여인들이 축복한 내용은 여호와께서 나오미에게 기업을 잇도록 손자를 주신 것을 찬송하면서 그 아기가 이스라엘 중에 유명하도록 해주시길 원한다는 것이었습니다. 우리는 베들레헴의 장로들과 마을 사람들 그리고 베들레헴의 여인들이 보아스와 룻과 나오미를 진심으로 축복해 주었다는 사실을 알고 있습니다.

여호와의 복이 성취되기 위해서는 이렇게 다른 사람을 진심으로 축복하는 사람들이 있어야 합니다. 베들레헴의 장로들과 마을 사람들과 여인들은 이기적으로 자신들이 복을 받으려고 하지 않았습니다. 다른 사람의 복을 빌어주었습니다. 오늘날 안타까운 점은 복을 받으려는 사람은 많은데 다른 사람에게 복을 빌어주는 사람은 적다는 것입니다. 우리는 어떻습니까? 진정으로 다른 사람을 축복하며 사십니까? 하나님께 다른 사람들이 복을 받도록 구체적으로 진심을 다해 기도하고 있습니까? 놀라운 것은 베들레헴의 장로들과 마을 사람들 그리고 여인들이 구체적으로 축복한 내용이 그대로 다 성취되었다는 사실입니다.

여호와의 복이 성취되기 위해서는 다른 사람을 진심으로 축복하는 사람들이 있어야 합니다. 오늘 본문에서뿐 아니라, 룻기를 읽다 보면 축복하는 장면이 많다는 사실에 놀라지 않을 수 없습니다. 1장 8절과 9절에서는 나오미가 두 며느리를 축복합니다. 2장 4절에서는 보아스와 밭에서 추수하는 일꾼들이 서로를 축복하는 아름다운 장면을 볼 수 있습니다. 2장 12절에서는 보아스가 이삭을 줍는 룻을 보고 축복합니다. 2장 19절과 20절에서는 나오미가 이삭을 줍게 해준 밭의 주인인 보아스를 축복합니다. 3장 10절에서는 보아스가 타작마당의 숙소에 들어온 룻을 축복합니다. 룻기는 장마다 축복하는 내용으로 가득 차 있습니다. 이렇게 축복하는 사람들로 가득 찬 베들레헴에 하나님께서는 복을 내려주실 수밖에 없으셨을 것입니다.

우리는 다른 사람을 진심으로 축복하며 살아야 합니다. 베드로 사도는 베드로전서 3장 9절에서 "악을 악으로, 욕을 욕으로 갚지 말고 도리어 복을 빌라. 이를 위하여 너희가 부르심을 입었으니 이는 복을 유업으로 받게 하려 하심이라"라고 했습니다. 그리스도인에게는 다른 사람을 축복해야 하는 의무가 있습니다. 진심으로 다른 사람을 축복하며 사십시오.

두 번째 원리는, 복을 받기에 합당한 사람이 되어야 합니다.

여호와의 복이 성취되기 위해서는 축복하는 사람들이 있어야 하지만, 축복한다고 해서 모두가 축복한 대로 복을 받는 것은 아닙니다. 성경에서 여호와 하나님께서 베푸시는 복에는 무조건적인 복이 있고 조건적인 복이 있습니다. 무조건적인 복이란 여호와께서 아무런 조건 없이 베푸시는 복입니다. 조건적인 복이란 여호와께서 요구하시는 어떤 조건을 갖추었을 때 베푸시는 복입니다. 성경에서 말하는 복의 대부분은 조건적인 복입니다. 조건적인 복은 좀 더 쉽게 말하면 복 받을 만한 행동을 한 자에게 베푸시는 복입니다. 룻기에서 복을 받은 보아스와 룻과 나오미를 보십시오. 그들은 베들레헴 장로들과 마을 사람들이 축복을 해줘서 복을 받은 것만은 아닙니다. 그들은 여호와의 복을 받을 만한 자들이었습니다. 룻기에서 보아스가 룻과 나오미에게 베푼 친절을 생각해보십시오. 기업 무를 1순위도 아닌데 희생을 감수하면서 기꺼이 기업 무를 책임을 감당하는 보아스야말로 복을 받을 만하지 않습니까? 룻은 말해서 뭐하겠습니까? 시어머니를 위해 모든 것을 희생하고 헌신하는 그런 며느리가 세상에 어디 있습니까? 여호와께서 가족과 모압을 떠나 이스라엘과 여호와께로 온 이방 여인 룻에게 복을 주시지 않으면 누구에게 주시겠습니까? 이방 여인이었지만 룻은 복을 받을 만한 사람이었습니다. 나오미도 마찬가지입니다. 비록 처음에는 나오미가 남편 엘리멜렉을 따라 베들레헴을 버리고 모압으로 이주하는 실수를 하였기에 큰 슬픔과 고통을 겪었지만, 그녀는 회개하고 여호와의 품으로 돌아왔습니다. 그리고 나오미는 두 며느리를 친딸처럼 사랑했고 자신보다 며느리들의 미래를 더 걱정했습니다. 그런 나오미 역시 여호와의 복을 받기에 충분했습니다.

혹시 우리 가운데 보아스와 룻과 나오미가 여호와께로부터 복을 받는 것이 못마땅한 사람이 있습니까? 보아스와 룻이 다윗 왕의 증조부모가 되고 메시아이신 예수님의 조상이 되어 메시아의 족보에 이름이 오르는 복을 받은 것에 대해 이의를 제기하실 분 있습니까? 아마 한 사람도 없을 것입니다. 우리는 여호와께서 그들에게 복을 베푸신 것을 보면서 수긍할 수 있습니다. 왜 그렇습니까? 그들이 복을 받을 만한 사람들이었기 때문입니다. 하나님으로부터 복을 받고 싶으십니까? 그러면 보아스와 룻과 나오미처럼 하나님의 복을 받기에 합당한 사람이 되어야 합니다.

세 번째 원리는, 복을 주시는 분이 오직 여호와이심을 믿어야 합니다.

복을 주시는 분은 오직 여호와 하나님이심을 믿으십니까? 오늘 본문뿐 아니라 룻기 전체에서 축복하는 사람들의 말을 들어보십시오. 그들은 모두가 이렇게 축복했습니다. "여호와께서……너에게 복 주시기를 원하노라." 누가 복 주시기를 원한다고 했습니까? "여호와께서"입니다. 룻기를 다시 읽어보십시오. "여호와께서"라는 말이 있는지 없는지 말입니다. 반드시 있는 걸 확인하실 수 있을 것입니다.

사람에게 복을 주실 수 있는 분은 오직 한 분이십니다. 그분은 바로 여호와 하나님이십니다. 하나님 외에는 그 누구도 인간에게 복을 줄 수 없습니다. 그래서 하나님을 가리켜 '만복의 근원 하나님'이라고 부르는 것입니다. 그런데 인간이 어리석어서 엉뚱한 대상을 향해 복을 달라고 빌고 있습니다. 그렇게 복을 달라고 빌면 복을 받을 수 있나요? 그게 복입니까? 그건 복이 아니라 '복을 가장한 독'입니다. 하나님만이 복을 주십니다. 그러므로 하나님께만 복을 빌어야 합니다. 하나님만이 복을 주시는 분이라는 사실을 알고 믿으며 축복하는 사람들에게, 복을 사모하는 사람들에게, 하나님께서는 복을 주십니다. 민수기 6장에는 '제사장의 축복'이라는 말씀이 있습니다. 이것은 여호와께서 모세에게 명령하시어 제사장들에게 축복하게 하신 말씀입니다.

> 24여호와는 네게 복을 주시고 너를 지키시기를 원하며 25여호와는 그 얼굴로 네게 비취사 은혜 베푸시기를 원하며 26여호와는 그 얼굴을 네게로 향하여 드사 평강주시기를 원하노라 할지니라 하라 27그들은 이같이 내 이름으로 이스라엘 자손에게 축복할지니 내가 그들에게 복을 주리라(민 6:24-27).

이 말씀을 통해 우리는 여호와께서 복을 주시는 분이며 자기 백성에게 복을 주고 싶어 하는 분임을 알게 됩니다. 우리는 여호와 하나님만이 복을 주시는 유일하신 분임을 알고 믿으며 축복하며 여호와께서 주시는 복을 받아야 합니다.

롯기를 마치며 여호와의 복이 성취되는 원리가 무엇인지 살펴보았습니다. 영적인 암흑기였던 사사 시대에 아무런 희망이 없었던 나오미와 룻과 보아스에게 놀라운 은혜를 베푸셔서 다윗 왕의 증조부모가 되게 하시고 메시아의 조상이 되게 하신 하나님의 축복의 역사는 사사 시대에 국한된 것이 아닙니다. 사사 시대를 방불케 하는 말세인 이 시대에도 얼마든지 가능합니다. 단, 오늘 말씀을 통해 여호와의 복이 성취되는 원리를 알아 다른 사람을 진심으로 축복하며, 복을 받기에 합당한 자가 되고, 복은 여호와 하나님만이 주신다는 사실을 믿는 자들에게 가능합니다. 오늘 배운 원리를 꼭 실천한다면 마른 광야 같은 우리 인생 가운데 오아시스 같은 여호와 하나님의 풍성한 복을 경험하게 될 것입니다.

RUTH